激変する現代の小売流通

柳 純 編著

五絃舎

はしがき

　今日，小売業は多様化しており，われわれが似たような商品を購入するとしても，その購入先はさまざまであり，また時と場合によって変わることもある。小売業の多様性はどこから生じるのかという疑問に対する答えの1つとして，消費者のニーズがある。つまり，消費者ニーズが時代によって変化するために，その要請に応えるべく小売業は変化を遂げてきた結果，多様性が生まれたとの説明ができる。

　一方で，小売業の多様性は供給サイドからの要因によってもたらされる点も指摘できる。例えば，製造業の寡占構造により，商品販売が系列店によってなされる場合とそうでない場合とでは，品揃えや価格決定に差異が生じたり，付加的サービスが異なったりすることなどが考えられる。その結果，末端の小売業の多様化がもたらされるとの見解である。

　いずれにしても，われわれは，さまざまな小売店舗の選択肢の中から適切な組み合わせでもって商品を購入して消費生活を行っている。現代の小売業あるいは小売店舗は，もはや単なる買い物をするだけの場ではなく，とりわけ，百貨店や総合スーパー，ショッピングセンターなどの大型商業施設においては，催事や娯楽提供，文化活動等も小売店舗内にて実施されるようになっている。

　敢えて小売流通に焦点を絞り，その基本的な動態を見つめ直す理由は，小売業が商品流通の末端組織であり，われわれ消費者にとって身近な存在であること以外に，現代の流通がさまざまな要因によって，劇的に変化している状況がより顕著になってきているからである。

　以上の問題意識から，本書は前半部分の第Ⅰ部「現代流通の基礎」において現代小売流通の基本的な理論や視角について論じ（第1章～第7章），そして，第Ⅱ部の「激変する小売流通」では，現代における小売流通の各セクションの

さまざまなシーンを捉え，主として総合小売業の事例を盛り込んでいる（第8章〜第11章）。すなわち，第Ⅰ部の「現代流通の基礎」を理論編，第Ⅱ部の「激変する小売流通」を具体的な業態分析編として位置付けている。

　本書は，流通や商業，とりわけ小売業に関して学びたい人のために編集されている。もちろん大学等で開講されている講義科目（商業論や流通論など）での使用も想定して企画されている。その特徴としては，小売流通ないし小売商業，小売経営などに焦点を絞り込み，商業の役割や商品流通の仕組みを理解することから始まり，小売活動や小売経営の実態を把握しながら学習を進めることができるように構成されている。

　なお本書は，入門書ならびに教材としての性格上，なるべく平易な表現を用いたり，専門用語を太字にしたりすることで読者の理解に極力努めたつもりである。また，各章末の注釈には参考文献も提示しており，事後学習にもつなげられるように配慮している。

　本書を出版するにあたり，まずは目次構成から始まり内容の検討に至るまでサポートしていただいた先生方には衷心よりお礼申し上げます。また各章をご担当いただいた諸先生方には，早くからこの企画にご賛同をいただきながら，遅々と進まない編集作業で大変ご迷惑をおかけしました。なかには急遽ご無理な執筆をお願いしたにもかかわらず，ご快諾していただいた先生には大変感謝しております。

　最後に，本書の出版を当初より快くお引き受けいただき，編集，校正まで細かいご配慮をいただいた株式会社五絃舎の長谷雅春社長には，拙い編者として，また執筆者を代表して心からお礼申し上げます。

2013年3月

編　者

目　次

序章　激変する製販関係 ── 9
第 1 節　現代流通と小売の特質　*9*
第 2 節　現代小売業の分類方法　*10*
第 3 節　業態内の競争関係　*13*
第 4 節　製販の行動変化　*17*

第 I 部　現代流通の基礎

第 1 章　商業の生成と存立根拠 ── 25
第 1 節　商業の重要性　*25*
第 2 節　商業生成の歴史的視角　*26*
第 3 節　商業の概念　*29*
第 4 節　商業の存立根拠　*32*

第 2 章　流通経路 ── 37
第 1 節　流通経路の必要性と役割　*37*
第 2 節　流通経路の各形態　*38*
第 3 節　流通系列化　*42*
第 4 節　変化する流通経路政策　*45*
第 5 節　最適化への展望　*46*

第 3 章　商業集積の論理 ── 49
第 1 節　商業集積とは　*49*
第 2 節　商業集積の論理　*51*
第 3 節　消費の二面性とインターネットの普及による影響　*53*
第 4 節　今日的商業集積の分析　*56*

第4章 小売業態論 ―――――――――――――――――― 61
- 第1節 小売業態への理解　61
- 第2節 循環説　61
- 第3節 衝突説　64
- 第4節 環境説　68
- 第5節 多極化原理　69
- 第6節 小売企業家と環境の相互作用　70

第5章 小売業とブランド ―――――――――――――――― 73
- 第1節 ブランド概念の意義　73
- 第2節 PBへの注目　76
- 第3節 小売ブランドの発展　78
- 第4節 小売業者というブランド　80
- 第5節 小売ブランドの可能性　82

第6章 小売業の国際化 ―――――――――――――――― 85
- 第1節 小売業の国際化に注目する理由　85
- 第2節 小売業の国際化に関する理論研究　86
- 第3節 台湾ファミリーマートの事例　90
- 第4節 台湾における日系百貨店の事例　92

第7章 ネット販売 ――――――――――――――――――― 95
- 第1節 急速に拡大するネットショッピング　95
- 第2節 ネット販売における商品種類と出店形態　96
- 第3節 ネット販売における販売管理システム　100
- 第4節 ネット販売における法律やトラブル　101

第Ⅱ部 激変する小売流通

第8章 百貨店 ――――――――――――――――――― 109
- 第1節 百貨店業界の動向　109
- 第2節 百貨店の成立とその後のあゆみ　110
- 第3節 魅力ある売場づくり　112
- 第4節 商品同質化からの脱却と品揃え　115

第 9 章　スーパーマーケット―――――――――――――――121
　第 1 節　スーパーマーケットの理論　*121*
　第 2 節　日本型スーパーマーケットとはなにか　*122*
　第 3 節　日本の総合スーパー（GMS）の歩み　*124*
　第 4 節　消費者購買行動の変化と総合スーパーの業務改革　*127*
　第 5 節　小売業態転換の理論　*130*

第 10 章　コンビニエンス・ストア――――――――――――133
　第 1 節　コンビニエンス・ストアの起源　*133*
　第 2 節　日本におけるコンビニの生成　*135*
　第 3 節　日本におけるコンビニの発展　*139*
　第 4 節　コンビニ各社の海外進出　*142*

第 11 章　専門店――――――――――――――――――――147
　第 1 節　専門店の定義　*147*
　第 2 節　専業店と専門店　*148*
　第 3 節　ユニクロ　*149*
　第 4 節　ニトリ　*154*

　索　　引―――――――――――――――――――――――*161*

序章　激変する製販関係

第1節　現代流通と小売の特質

　今日の流通は非常に複雑化しており，単純に生産が流通や消費を規定するだけでなく，逆に流通が生産や消費を規定するケースも顕在化している。敢えて流通を簡単に述べるとすれば，それは非常に複雑化した経済構造のもとで分業化された組織行動原理に基づいた商品生産から始まり，多様化した末端の商品消費に至るまでの過程（プロセス）ということになるであろう。

　現代流通の本質を捉え，その背後の経済現象から具体的な流通に関わる事象を的確に把握しながら事象の抽象化を試み，なおかつ，そこから生じているさまざまな問題点を挙げながら解明していくことは容易ではない。とりわけ，劇的に変化している現代の小売流通に的を絞れば，以下の3点に集約することができる。

　まず第1に，大規模メーカーによる生産体制をベースとした商品流通が行われている点を指摘することができる。今日，商品生産はデフレ経済下にあって**多品種少量生産**へとシフトしつつあるものの，依然として大量生産体制を基本としたマーケティングが展開されており，それにより商品流通，とりわけ末端の小売流通が規定され，さまざまな面で大きく影響を受けている。

　第2に，大規模小売業によるグループ化が顕在化し，専門店を中心とした中堅小売業の活動が活発化している点である。例えば，前者は売上高上位のイオン，セブン＆アイ・ホールディングスの二大小売グループが販売力を活かし集客を増加させている点を挙げることができる。2012年4月現在での二大小売グループの売上高を合わせた金額は約10兆円である[1]。また近年，百貨店の再編として百貨店のグループ化も行われてきており，競争関係が個々の企業

間というよりはグループ企業間へとシフトしている。そして，後者の専門店では家電，衣料，家具，ドラッグなどの分野で顕著な伸びを示す小売企業が目立つようになってきており，企業間で吸収合併をともなうケースも見受けられる。

そして第3に，鮮魚店，精肉店，果物屋と呼ばれる**業種店**を中心とした小規模零細小売業は商業統計をとるごとに減少してきているが，わが国の小売業の大多数を占めており，われわれの消費生活には欠かせない存在である。近年，小規模零細店の**チェーン・オペレーション**による多店舗化が進んでいる事例が取り上げられることがあるが，コンビニエンス・ストアはその端的な具体例であろう。

第2節　現代小売業の分類方法

1. 業種別の分類

ここでわれわれの買い物行動を思い浮かべてみたい。主として小売店舗を想定すると，その場合，最初に買いたい商品があるとすれば，その商品を売っている店舗，つまり「なになにを売っているお店」をイメージすることになる。これは小売の立場から分類すれば，伝統的に小売業者が取り扱う商品の物理的属性に基づいて分類される「業種別分類」になる。例えば，織物・衣服・身の回り品小売業者や飲食料品小売業者などである。これらの分類は，総務省が公表している**日本標準産業分類**にしたがっている。

なお，上述の例は業種別分類の中分類になるが，さらに小分類，細分類に分けられている。

2. 営業形態別の分類

業種別分類以外にも小売店舗を判断する基準がある。業種別分類では，当該小売業者の取扱商品ならびに品揃え物で何を販売する店なのかを把握することができる。しかし，われわれは従来からの単純な分野別にしたがった商品購入スタイルを維持してきたわけではない。今日，店舗選択の重要な要素になって

いるのが，何をどのような店でどのように購入するかであり，このような販売の仕方や方法に着目した店舗分類の1つに営業形態別分類がある。営業形態は店舗形態であり**業態**[2]とも呼ばれ，大きくは店舗販売と無店舗販売に区分される。

店舗販売には従来からの一般小売店，百貨店，スーパーマーケット，コンビニエンス・ストア，専門店，ディスカウント・ストアなどがあり，また無店舗販売には訪問販売，通信販売，自動販売機における販売などがある。

3. 経営形態および企業形態別の分類

小売業の経営，すなわち小売経営に関しては，①店舗展開の有無，②店舗の組織化の有無によって以下のように分けることができる。まず，店舗展開の状況によって大きく単独店舗経営か複数店舗経営かになる。複数店舗においてはチェーンストア方式（同一資本の**レギュラー・チェーン（RC）**方式）か，あるいは本・支店方式かの多店舗展開ということになる。

次に店舗の組織化では，独立経営か組織化経営かになる。その際，後者では資本関係に無い組織が共同で仕入や配送を行うなどの**ボランタリー・チェーン（VC）**方式[3]なのか，それとも本部と加盟店から構成される**フランチャイズ・チェーン（FC）**方式なのかに分けることができる。

さらに，企業形態別では個人組織，会社組織，協同組合組織，公企業組織など，出資方式や目的などによって分類される[4]。

4. 小売流通の態様

さて，現代の商品流通は多様な販売形態から成り立っている。とりわけ，代表的な消費財に目を向ければ，衣料品，生鮮・加工を含む食料品，家庭生活用品の各分野における商品流通の態様は大きく異なっている。

例えば，衣料品の販売は生産された生糸の染色から生地生産，加工，仕立てなどを経て完成品となるまでに何段階かの工程があり，完成品も問屋を経由したり，代理店を経由したりして小売店舗に販売される。個別商品で見れば，ユニクロのような**製造小売業**（Speciality store retailer of Private label Apparel：**SPA**）

と呼ばれる衣料専門店においては，商品が生産工場から直接，小売店舗に並ぶケースもある。

また，生鮮食品として魚介類の販売では，漁業者から**直売所**にて販売されるケースもあるが，卸売市場を経由して水産加工会社を経て魚屋やスーパーマーケットに入荷されたりする。

このように，各消費財分野においては，その個別商品流通の態様は非常に多岐にわたっている。しかし，その大部分の商品販売は，メーカーを起点とし卸売市場ないし卸売業を経て小売業を終点に完結している。換言すれば，商品販売を商品の品揃え部分から見た場合，大きく業種別の分類，すなわち業種店として捉えるのか，あるいは営業形態別の分類，すなわち**業態店**として捉えるかの詳細は別章に委ねるとして，われわれは，上述した衣食住関連商品の購入を主として小売店舗で行っている。

一方で，われわれは小売店舗での販売に依らない商品購入，すなわち，無店舗販売における商品購入も行っている。主な無店舗販売として訪問販売および通信販売を挙げることができるが，通信販売でも従来からのカタログ通販，TV 通販，そしてインターネット通販とその手段は多様化してきている。なお，

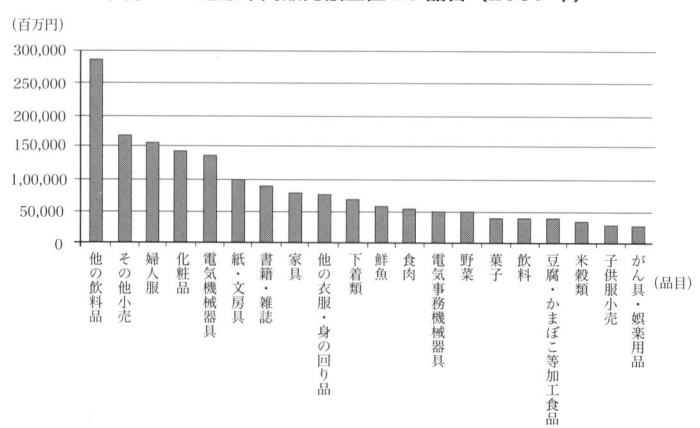

図序 -1　通販年間販売額上位 20 品目（2007 年）

出所：経済産業省経済産業政策局調査統計編『2009　平成 21 年版 我が国の商業』経済産業統計協会，2010 年，233 ページに基づいて筆者修正。

図序-1は，2007年における通信販売の年間販売額上位20品目である。そのうちの最上位5品目は「他の飲食料品」，「その他小売」，「婦人服」，「化粧品」，「電気機械器具」となっているが，それ以前の直近の調査時（2002年）から急激に増加したのが「がん具・娯楽用品（559.0％）」，「紙・文房具（349.7％）」，「電気事務機械器具（201.5％）」である[5]。

いずれにしても，上述の商品販売はメーカーを起点とした生産体制を基本とし，最終的にわれわれ末端の消費者に至るまでの商品流通過程として捉えることができる。以下では，ここ近年の各業態別の小売業に関する動きやそれらを取り巻く状況のポイントについて言及することにする。

第3節　業態内の競争関係

1. グループ化する百貨店

百貨店は，衣食住の生活に関わる多種多様な商品を**対面販売方式**で提供する大規模小売店舗のことであるが，大きくは老舗呉服店[6]と電鉄資本から発展したものが主流である。それ以来，①総合的に商品を品揃えし，②定価販売を行い，③豪華な店構えと高級イメージをともなう小売業の代表格として成長を続けてきた[7]。

百貨店という「のれん」は他業態と比べて優位性を発揮してきたが，1970年代以降，大型スーパー，さらには外資系小売や専門店の台頭により，デフレ経済下の消費のなかで若年者を中心とした購買力は低下している。バブル経済崩壊後，百貨店業界の売上高は年々減少傾向にあり，店舗の閉鎖や海外からの撤退，人員の厳しいリストラも余儀なくされている。その端的側面は，2000年の大手百貨店そごうの民事再生法申請であり，百貨店業界の行き詰まりを象徴している出来事であった。

東京では1990年代後半より再開発が進んだJR新宿南口を中心に，「百貨店戦争」が勃発し，アミューズメント施設の併設や，婦人衣料の品揃え強化に力点を置いた各百貨店同士の競争が激化した時期もある。それは池袋や銀座など

周辺地域からの顧客を呼び込み，一時期に百貨店の集客を増す結果となっている。大阪でも同様に梅田に集中した百貨店の再開発・立地の集中が生じているように，百貨店の新たな局面として捉えることができる。

しかし，2013年1月現在では業態全体の売上高はコンビニエンス・ストアの方が上回っている[8]。近年，大手百貨店同士のグループ化が加速しているのも，上述した百貨店の厳しい状況からうかがえる（表序-1）。

表序-1　百貨店のグループ化

設立時期	グループ名	主要百貨店名	店舗数	売上高
2007年9月	Jフロントリテイリング	大丸 松坂屋	22店舗	9,414億円
2007年10月	H2Oリテイリング	阪急 阪神	15店舗	5,055億円
2008年4月	三越伊勢丹HD	伊勢丹 三越	26店舗	1兆2,399億円
2009年9月	そごう・西武	西武 そごう	24店舗	8,179億円

出所：各社のIR情報に基づいて筆者作成。売上高データは『会社四季報　業界地図2013年版』東洋経済新報社，2012年，226ページを参照した。

2．二大グループ化と地方スーパーの成長

スーパーマーケットは日本独特の呼称であり，大きく2つに分類すると，①衣料品・食品・住関連商品をフルラインで扱い，売場面積が3000㎡超の大型の店舗を構える**総合スーパー**（General Merchandise Store：**GMS**）と，②衣料品，食料品，住関連それぞれの専門スーパー（SM）になる[9]。

本格的なスーパー（総合食料品店）の開店は，1956年に北九州にできた「丸和フードセンター」[10]であるが，出店規制緩和でオーバーストア状態になり，大手各社は，総合スーパーを中核として食品スーパー，それにコンビニ，専門店を展開する小売り集団を形成しながら拡大してきた。

しかし，平成不況以降は，コア（中核）ビジネスへの経営資源の集中や出店過剰で債務を抱え，経営再建中の大手スーパーでは，優良子会社の株式を次々に手放した[11]。さらに，競争関係を複雑化させた大手外資系流通業（**流通外資**）の日本市場参入が相次いだ時期[12]もあり，外資を交えた大競争時代に突入し

ているが，デフレに加えて消費不況で売り上げ思うようには伸びていない。

近年，イオンとセブン＆アイ・ホールディングスの二大勢力構図が明確化しており，その主力総合スーパーであるジャスコとイトーヨーカ堂は，自社独自企画商品である **PB (Private Brand)** の「トップバリュ」や「セブンプレミアム」を積極的に打ち出して販売している[13]。

他方で地方スーパーの成長もうかがうことができる。例えば平和堂（滋賀県湖南市），イズミ（広島県広島市），ハローデイ（福岡県北九州市）などは地方都市に本社を置きながら確実に成長を遂げているスーパーマーケットである。食品スーパーのハローデイは全国各地から視察者が訪れるほど，現代スーパーのビジネスモデルの成功例となっている。

3. 飽和化するコンビニエンス・ストア

コンビニエンス・ストア[14]は，年中無休・長時間(殆どは24時間)の営業を行い，小さなスペースで2000～3000ほどのアイテムを取り扱う小売店である。地方で独自展開する店舗もある一方で，大手資本によるフランチャイズ・チェーン（FC）店舗が全国的に展開されている。

日本にコンビニエンス・ストアが誕生した当初，まだその定義が存在しなかったため，運営方式や店舗作り，また営業形態の違いから日本で最初のコンビニエンス・ストアは複数あると言われている。例えば，マイショップ豊中店（所在地：大阪府豊中市）やセブン-イレブン1号店（所在地：東京都江東区）である[15]。いずれにしても，問屋によるチェーン化が原初的にあり，その後大手スーパーがその経営に参画していった経緯がある。

コンビニエンス・ストアの成長は1980年代以降本格化するが，多店舗展開がきわめて短い時間で達成された一方で，1990年代後半に入り各社の店舗数の増加は鈍化し，既存店舗の売上げ低迷の局面も見られるようになる。2001年にはチェーン全体の売上高でセブン-イレブンが，当時の小売業第1位であったダイエーを抜き世代交代が確実に進行している。しかし，2000年代以降も継続して出店増加が見られ，2013年1月現在では，全国にあるコンビニ

エンス・ストアの店舗数は4万店舗を超え飽和化しつつある。

　昨今，他業態に先行して「**小売サービス**[16]」の提供が積極的かつ顕著に行われている。例えば，情報端末の設置や一部で始まった銀行ATMの設置などは，他業態に対しても競争優位となり得る[17]と考えられる。また，生鮮野菜や惣菜を重点的に置いたり，100円均一型の販売をコンセプトにしたりする店舗も出現している。

　海外展開も積極的に行われている。とりわけ，中国への出店の先駆けであるローソン（1996年に上海に出店）を筆頭に，2004年にはセブン‐イレブン（北京），ファミリーマート（上海），2009年にはミニストップ（青島）が海外出店を開始している。今後は東南アジア諸国での展開も期待されている。

4. その他の業態展開

　今日の**ディスカウント・ストア**，**カテゴリー・キラー**や**アウトレット・ストア**などの台頭は，低価格志向の消費者重視の時代を象徴するとともに，ますます小売店舗間の競争を促進させている。例えば，カテゴリー・キラーではトイザらスのような玩具専門の低価格訴求で相当数の商品の品揃えを誇る大型量販店や，今や家電分野でのトップを独走するヤマダ電機のような家電量販店を挙げることができる。また，アウトレット・ストアは近年，ショッピングモール化が進んでおり，1990年代より全国各地に展開され始めた過剰在庫品を低価格で販売する店舗である。

　上記の各業態を1つにまとめて取り扱うことは困難であるが，敢えて共通点を挙げるとすれば，そのキーワードの1つに「低価格」がある。今日のデフレ経済下においては情報化の進展とともに商品調達コストの低下，物流面の簡素化，ひいては商品価格の低下の実現に結びついている。

　次に，他業態にない「買い物の魅力」であろう。買い物の魅力には，個々人の買い物行動に何らかの刺激を与える要素が不可欠とされる。例えば，それらは他業態で取り扱っていない商品の品揃え，他業態とは異なる価格設定，また他業態とは異なる店舗演出であったりする。

第4節　製販の行動変化

1．伝統的製販関係

　現代の商品流通における製販関係を的確に捉え，そして商品販売の本質を解明するには，歴史的史的側面，すなわち時間軸をともなった対象者の質的量的な行動原理を緻密に分析する必要がある。換言すれば，現代の新しい流通の競争構造や実際の流通行動を捉える際の時間・空間的側面を考慮した分析の必要性である。

　わが国における流通構造の特徴として，**小売業の小規模零細性**や**過多性**，**生業性**，**卸売業の多段階性**などを挙げることができる。とりわけ現代の小売構造については，歴史的にも時間をかけて形成されてきており，従来から政府による流通政策や流通関連法規の制定とも関係しており，高度経済成長期からその特性を有している。

　さらに，商品別の流通経路において卸売業主導型の流通システムがすでに伝統的に確立されており，戦後の急速な大衆消費社会の市場に対応するために，大規模メーカーの主導する流通経路政策のもとで，流通組織はメーカーの系列傘下に組み込まれてきた経緯がある。すなわち，大量生産体制に見合うだけの大量流通体制が確立されていなかった頃から，メーカーが自社独自の販売組織の整備を行い，流通経路の構築を行ってきた側面は看過できない。昨今，そのような伝統的製販関係は，自動車，家電，化粧品，医薬品などの消費財分野においては以前より強固でないにしてもメーカーの流通支配として形成されており，それは一般的には**流通系列化**[18]と呼ばれている。

　また，消費財の寡占メーカーは，自社の生産部門を急速に発展させていくなかで，既存の流通組織を活用しつつ，流通部門の立ち遅れた部分にテコ入れを行いながら資金的・人的介入を進めてきた。さらに，販売量や再販売価格の維持を実現するための手段として，メーカーが自社の独立した経路を確立することによって，流通業者に高いマージンや高い**リベート**を保証する必要が生じ，

その結果，商品に関しても必然的に高価格の傾向が生じた。

　一方で，個別の商品販売においては，市場での価格競争に陥る可能性を回避することが，逆に価格競争に拍車を掛け，同一商品をディスカウント販売する系列外の流通経路も発展してきた。

2. 伝統的製販関係の変化

　寡占メーカーによる流通支配の構図は，以前と比べて大きく変化しようとしている。その理由は，第1に「価格破壊」と呼ばれる現象を経て，今日ではデフレ経済下における小売業者間での価格競争へと発展している点である。小売業者間での価格競争の激化は，以前は貿易面や金融・為替面において農産物の自由化，内外価格差の縮小などを目的とした政府の規制緩和を背景に，低価格の輸入品の流入，ディスカウント・ストアや大型量販店の台頭などにより生じる傾向にあった。

　しかし，現在では，上記も含んだ上での**自由貿易協定**（Free Trade Agreement：**FTA**）による商品取引の拡大，食品流通の見直しを背景とした制度的変化，二大流通グループの進展によるグローバル調達やPB商品の強化を起点とした，さまざまな複合的要因からなるデフレ経済下での低価格化競争である。そして流通業者，とくに小売業者によるこの低価格競争は，メーカーへの対抗力として，しばしば流通問題として取り上げられるが，メーカーへのより対等な立場での発言力や交渉力が増加しているという意味で，以前より寡占メーカーの流通支配力は弱まっている。

　第2に情報・通信網の急激な発達によりメーカーと消費者の距離が相対的に縮まったことが挙げられる。情報化社会の到来を代表するインターネットの普及などの情報・通信網の急激な発達は，その基盤整備が整うことによってメーカーと消費者との距離を縮めている。

　この点は，メーカーが発するあらゆる情報を，流通組織を通じて消費者が入手してきたこれまでの構図とは異なり，直接的に消費者が入手できるようになることを意味する。しかし，小売業者も知り得なかった情報までもが消費者に

知られるようになったわけではない。やはり専門的な商品の仕様，価格，取り扱い，トレンド情報などは，依然としてメーカーに近い立場である小売業者が消費者よりも保有しており，逆に消費者に近い立場の小売業者がメーカーよりも消費者に関する情報を保有しているのである。

ともあれ，寡占メーカーによる流通支配はこの情報保有格差に基づく点は否定できないであろう。情報担当部署の設置，情報端末への設備投資など以前と比較して寡占メーカーと小売業者との物理的距離は確実に縮まっている。したがって，メーカーの流通支配は弱まる方向へと作用していると言える。

3. 激変する小売流通

これまでのメーカー主導の体制とは異なる動きが流通部門で生じている。すなわち，製販関係の変化である。この製販関係の変化は，小売業主導で展開されている場合が多く，流通業者だけでなく消費者に対しても大きな影響を及ぼすことになると考えられる。これまでの伝統的商品流通とは異なる関係が既に構築されており，**製販統合**や**製販同盟**は「商業論が想定した社会的分業からの逸脱の典型[19]」として認識することも可能である。

消費者の価格重視の購買行動変化は，製造業者よりも販売業者の行動変化をより速くもたらすといえる。製造業者にとっては，指定した価格どおりに商品は売れるとは限らず，また，流通業者も思惑通りに商品を販売するとは限らない。消費者の価格重視の意識は，さらなる価格の低下を求めてその購買行動として現れ，その過程において製造業者あるいは流通業者の行動変化が波及していくと考えられる。

今後，小売業の海外市場への展開も含めた小売流通を視野に入れることも必要であろう。例えば，新興市場における流通は，現地調達・現地販売をベースとしながらメーカー，卸売業（代理業）とも強い関係構築が求められる。商品調達や物流の自由度はかなり制限される場合も想定される。出店後も現地のインフラ整備の進捗状況により思うように商品の品揃えができないケースや予期せぬ欠品，納期遅延などは端的な例であろう。その際，どの組織を通じた小売

流通が望ましいかの判断を適切に行い，出店および店舗運営・管理（**小売マネジメント**）をしていかなければならないのである。

注
1) イオングループ傘下にはイオンリテール，マックスバリュ西日本，イオン九州などがあり，セブン＆アイ・ホールディングス傘下にはイトーヨーカ堂，そごう・西武，セブン‐イレブン・ジャパンなどが該当する。なお売上高数値は，日経MJ編『日経MJトレンド情報源2013』日本経済新聞出版社，2012年，71ページに基づく。
2) 商業統計では，セルフサービス方式の採用の成否，取扱商品の販売比率，売場面積，営業時間等で業態を区分している。
3) 日本では卸売業者が主宰者となり小売を組織化するケース（ボランタリー・チェーン），小売業者同士で本部を設立し小売を組織化するケース（コーペラティブ・チェーン）などがあり，前者よりも後者の方が多いのが実態である。
4) 関根 孝「小売機構」久保村 隆祐編『商業通論〔新訂版〕』同文舘，1991年，63ページ。
5) ここでは「他の飲食料品」にはレトルト食品，チルド・冷凍食品，サプリメント（栄養素補助食品等）が含まれ，「その他小売」にはCD，DVD等のメディア，美術品などが含まれる（経済産業省経済産業政策局調査統計部編『2009 平成21年版 我が国の商業』経済産業統計協会，2010年，233ページ）。
6) 江戸時代から続く大手の呉服店が，欧米のデパートメントストアに見習って転業したことに始まる。わが国では，1905年1月の新聞紙面で一般的に知らしめられた三越呉服店による「デパートメントストア宣言」により，初の百貨店が誕生したとされる。
7) 分類としては，6大都市（東京・大阪・名古屋・横浜・京都・神戸）にある百貨店を都市百貨店，その他の都市にあるものを地方百貨店と呼んでいる。
8) 日本百貨店協会公表の百貨店の売上高概況データは約6兆1,500億円（2012年）、日本フランチャイズ協会公表のCVS統計年間動向データは約9兆円(2012年)となっている。
9) 全国にチェーンストアとして展開する大手総合スーパー（全国スーパー）と地域を絞った地方型スーパー（地域スーパー・地方スーパー）がある。
10) スーパーの歴史は，わが国初のセルフサービス店である「紀ノ国屋」が1953年に東京の青山に第1号店を出店したことから始まる。
11) その対象は，急成長を続けてきたCVSや有力専門店であり，とくにCVSに関しては大手総合商社がその買い手となり，筆頭株主として経営に深く関与するようになった。
12) フランスの大手ハイパーマーケットのカルフールが，2000年12月に千葉県に1号店をオープン（現在全面撤退でイオンが経営），またアメリカの会員制ホールセールクラブのコストコが同じく千葉県幕張に相次ぎ出店して話題を呼んだ。
13) それに加えて両社は，さらに割安感を強調する「ベストプライス」と「ザ・プライス」の新コンセプトPBを展開している。

14) コンビニエンス・ストアの名称由来は，「普段よく利用する商品＝コンビニエンス商品を取り扱う店」と言う意味であったが，日本では「利便性店＝コンビニエンス店」とされている。
15) 年代的にも他の説のコンビニエンス・ストアより一番早くからオープンし，経済産業省による「コンビニエンス・ストア」の定義にも当てはまるため，「日本初」と呼ばれることが多いマイショップ豊中店に対して，当時からフランチャイズ展開していたセブン－イレブン1号店を「日本初」と呼ぶことも多い。
16) 小売業の売買活動では，物販のみだけではなくサービス販売をともなう場合がある。現在のコンビニエンス・ストアの実態は，コピー・FAXサービス，公共料金収納代行サービス，宅配取り次ぎサービスなどサービス内容も充実かつ多様化方向にあり，単なる物販業でないことから「小売サービス」という用語を用いた。なお，研究者の中には「物販小売業」と「サービス販売小売業」を分ける見解 (Berman, B. and J.R.Evans, *Retail Management*(ninth ed.),Pearson Education International,2004,pp.32-33) もある。
17) 拙稿「競争促進と製販統合」鈴木 武監修，岩永 忠康・西島 博樹編『現代流通の諸問題』五絃舎，2007年，69ページ。
18) 正確には「製造業者が自己の商品販売について，販売業者の協力を確保し，その販売についての自己の政策が実現できるよう販売業者を掌握し，組織化する一連の行為」を指す（野田 実編『流通系列化と独占禁止法』大蔵省印刷局，1980年，13ページ）。また詳しくは江尻 弘『流通系列化』中央経済社，1983年や高嶋 克義『マーケティング・チャネル組織論』千倉書房，1994年を参照されたい。
19) 例えば，石原氏は従来からの流通系列化やPBなどを取り上げて説明している（石原 武政「生産と販売」石原 武政・石井 淳蔵編『製販統合』日本経済新聞社，1996年，303ページ）。

柳 純

第Ⅰ部

現代流通の基礎

第1章　商業の生成と存立根拠

第1節　商業の重要性

　われわれは，**商品の売買（取引）**を通じた市場経済の下で消費生活を営んでおり，経済発展とともに，徐々にではあるが生活を向上させてきた。市場経済を理解するための鍵となるのは，社会的・経済的環境の変化も観察しながら，さまざまな商品売買の態様に着目し，その動態を「市場」を通して把握することである。もちろん，商業の生成過程から始まり，著しい変化を遂げている商業構造や商業の実情を数量的に統計等のデータを用いて把握することも重要である。

　そこで，本章では商業の生成過程を含めた，現代社会における商業の役割や存立根拠を見つめ直すことで，商業の重要性を改めて確認することにする。

　一般的に，われわれは商品を生産者（製造業者・メーカー）から直接購入（**直接流通**）することもあるが，商品の大部分を卸売業者（卸売市場を含む）から小売業者を経て間接的に購入している（**間接流通**）。

　例えば，近隣の小売業を思い浮かべてみると，のどが渇いた時に清涼飲料を購入する場合，近所のコンビニエンス・ストアやスーパーマーケットなどがその対象となろう。ここで小売業者がなければ，清涼飲料を作っている製造業者に直接問い合わせたり，生産現場を探して出向いたりするなどの手段を講じて商品購入に努めなくてはならない。また自分で原材料を購入してきて，清涼飲料を作らなくてはならなくなる。このように小売業者がいなければ，実際に小売業者がいる場合と比べて商品購入先や購入手段が変化することで，商品を購入するまでの費用が非常に高くつくばかりか，商品を購入するまでに多くの時

間を要することになるのは簡単に想像がつく。

すなわち，現代の市場経済における商品流通は，一部の直接流通を除いて，生産者から独立した商品流通専門の担当者である商業者によって大部分が担われており，商業者はなくてはならない存在である。

さて，前述してきた通り，商業は「生産」と「消費」との間の「流通」において，非常に重要な役割を果たしている。商業者が生産者と消費者との間に介在することで，社会的に**流通費用の削減**と**流通時間の短縮**が実現される。ここに商業の有用性を見いだすことができるわけであるが，われわれが商業者の存在により授かっている恩恵はそれだけではない。簡潔に言えば，その帰結は一般的商品の低価格化[1]を社会的に享受することである。

以上，商業への理解の出発点は，生産と流通が独立したそれぞれの専門家，すなわち生産者と商業者によって社会的に**分業**されることで，経済全体が効率化[2]することから始まる。

第2節 商業生成の歴史的視角

1．商業のルーツと生成

まず，商業の源をルーツとしてたどってみることにする。われわれが経済を意識しないまでも生活する上で欠かせないのが衣食住である。生活する上では消費がともなうので，消費するために生産が行われる。つまり，生産レベルの水準はともかくとして，生産体制が確立していることが「商業」発生の前提となると考えられる。

歴史的には生産体制が未成熟な時代において，商業が発生したとの見方もできないわけではない。実は「商」の源は，世界的に見て非常に古く，それは紀元前3000～2000年頃のエジプト王朝時代に遡り，当時から生活用品などを**物々交換**により行い，さらに活発な遠隔地間の「交換商業」では，エジプトから穀物，綿花，陶器，斧，短剣，指輪などが輸出され，逆に金，象牙，牛，オリーブ油，香料などが輸入されていた[3]ようである。

また，さまざまな商業史の文献では，「古代地中海商業」が起源とされ，その代表はエーゲ海周辺に栄えたクレタ文明，ギリシャ文明における「交易」とされ，さらにまたローマ帝国時代ではアラビア，インド，中国との交易が盛んに行われていたとされる。

しかし，商業のルーツを民間商人の活動として捉えた場合，古代メソポタミア（紀元前2000年頃）における都市文明から商人が出現しており，同時期のインダス都市文明においても民間商人の出現可能性が指摘[4]されている。

一方で，商業の語源なるものも存在する。商業は英語で「Commerce」である。それは「物々交換」の語源ともなっており，「Com（一緒にするの意味）」と「merce（貨物の意味）」で「貨物を一緒（交換）にする」[5]の意味になる。また，古代中国の殷王朝の古い呼び名は「商」であり，そこで割り算（商）が発明されたとのことから，商業を指すようになったとも言われる。日本では「商」は「あきない」と読むことができる。これには，秋に収穫した**余剰生産物**の交換行為から「秋に為す」が転じて，「あきない（商）」となったと解釈する研究者もいる。

人類が人間的な生活を欲求した段階から「交換」が始まったことを，A.スミスは指摘する。つまり，原始共同体における**自給自足**の生活からの商業生成過程の分析である。その根源は「狩猟」，「漁撈」，「農耕」であり，集団生活の領域拡大とともに量・質的にもそれらが発達していく。やがて，集団内における生産量の拡大にともない「余剰生産物」が生じてくる。ここに「交換物」の発生起源を見いだせるが，日本では縄文後期から弥生時代頃であろうか。

その後，この余剰生産物の交換は，例えば生活必需品や装飾品などの物品貨幣と呼ばれる媒介物によって行われるようになる。そして，時代を経て**物品貨幣**は**金属貨幣**に変わり現在に至る[6]。交換，つまり，売買は物々交換から媒介物介在の交換へと変化して，市場そのものを飛躍的にその地理的領域を拡大させ，物理的可能性を増加させたのである。

そもそも，余剰生産物の交換には**行商人**が欠かせなかった。行商人の登場する初期の頃は，農民自らが農村から町へと余剰生産物を売り歩くのが一般的だったようである。それが，やがて余剰生産物を専業的に売り歩く行商人が登

場し，余剰生産物も町から村へと逆流する現象も生じた。

2. 商人の登場と市の形成

歴史的に行商人は，一定の場所に集まるようになっていく。例えば，中世の西洋では商人が修道院を回り羊毛を買い集めたり，農場で穀物を買い付けたりすることもあったようであるが，特定の日時に都市の広場に市民と近在の農民を集めて開催された「週市」などは，農民解放と経済の近代化において重要[7]であった。一方で，各国の商人間の取引が「大市」にて行われることもあり，長期間の市の開設では教会と修道院に特許状が与えられ，商品倉庫の役割を果たす[8]こともあった。

日本の場合，商人活動は奈良時代の頃より盛んに行われ，平安時代には農民が荘園や寺社などに定期的に集結していく。市（いち）の生成は，古い文献では，そもそも売買は多くの人々が集まる場所で行う方が便利であり，後に商人が集まって売買する地名となった[9]とある。すなわち，商人が集まって売買する場所を市と呼んでおり，応神天皇の軽市（かるのいち）（大和），雄略天皇の餌香市（えがのいち）（河内），武烈天皇の海柘榴市（つばいち）（大和）[10]などが古くから知られている。

また，市が開催される日や期間が二日，四日，五日などで，二日市，四日市，五日市などと呼ばれるようになり，市や町名として名残があるところもある。やがて行商人が店舗を構えるようになり**常設市場**が形成されていく。

商業が本格的な市の形成により重視されるようになり，その行動にも共通項が見いだされるようになる。例えば，政治・経済的関係の文脈（コンテキスト）における特徴である。15～16世紀の西洋におけるスペイン，ポルトガルの西欧諸国の商業活動では，工業生産と緊密な関連性を有し，工業の発展に商業が寄与しており，商業そのものが貿易において政治・経済的にも支配力を強めたりする[11]。日本では，①権力との結合関係，②封鎖制・排他性などであり，前者は江戸時代の大名と豪商との関係や明治維新以降の藩閥政府と財閥商社との関係，後者は**座**や**株仲間**という同業組合における他業組合を排除したり，独占を形成したりする性格[12]に象徴される。

第3節　商業の概念

1．狭義の商業

　売買（取引）について，①何がその対象なのか（客体），②誰がその担い手なのか（主体）が重要となってくる。前者は有形財（商品）か無形財（サービス財）かということで変わってくるし，後者は，生産者（製造業者・メーカー）から商品を購入する対象者が卸売業者なのか小売業者なのかで異なる。

　商品流通においては，生産者から最終消費者へと商品が流れていくイメージを描くとわかりやすい。そこでの取引過程は，商業者である卸売業者と小売業者は，**仕入活動**（行為）と**販売活動**（行為）を行い，それぞれが「買い手」となったり「売り手」となったりする。すなわち，この仕入活動と販売活動の2つの活動を遂行するのが商業者（商人）である。

　したがって，狭義の商業とは，有形財（商品）の売買（取引）を行う立場の卸売業と小売業を指すことになる。また狭義に限定した場合でも，主として話題とするのは小売業である。

2．商業の分化

（1）垂直的分化

　社会的分業体制が成立している経済の下では，生産者と消費者の間に商業者が介在する。商業者とは前述してきたように，卸売業者と小売業者であり，ここには明確な分業関係が存在する。しかし，前資本主義的社会においては，商業者においても明確な分業がなされておらず，例えば，卸売業の場合では金融機能や運輸機能なども担っており，時代を経て卸売業と小売業とに機能的に，また垂直的に**段階分化**したことは，過去の歴史が証明している。

　さらに，卸売業の場合で見てみると，ある商品の流通機構に1次卸（**元卸**），2次卸（**仲卸**），3次卸（**最終卸**）が存在する場合，それぞれは収集・中継・分散を担っている。すなわち，1次卸は生産者からの商品買い付けを現地にて収

集し，それを地方へ２次卸が中継ぎして，最終需要地における分散を３次卸が行うという具合である。そして，小売業者はそれに応じて消費者への販売担当者となる。

別の表現をすれば，卸売業者は生産者の「販売代理」であり，小売業者は消費者の「購買代理」を担っている。いずれにしても商業者は，上述したように購買と販売の両方を行い，機能的に垂直分化している。

（２）水平的分化

現在の日本標準産業分類による商業の区分けが，水平的分化を端的に示ししている。いわゆる，取り扱い商品をもとに専門化することを**部門分化**と呼ぶ。今日，卸売業，小売業ともにこの部門分化がなされており，それは取扱商品の特性によって，「食肉小売業」，「鮮魚小売業」，「野菜・果実小売業」などとして分類できる。

一方，取り扱い商品のみでの分化ではなく，むしろ店舗立地，店舗規模，価格政策，販売方法等に依拠した商業の営業形態の分化もある。つまり，**業態分化**である。小売業で言えば，百貨店，スーパーマーケット，コンビニエンス・ストア，ディスカウント・ストアなどということになる。

水平的分化に関しても，その役割分担が生じた理由を考えてみると，上述したように，商品特性に基づく商品流通を挙げることができる。これは生産面からの理由となるが，生産される商品に関して，かなりの技術的な専門性を有する商品販売においては，専門業者として詳細な商品情報を有し，その商品取り扱いに係る専門技術を有する専門業者が介在している。例えば，上述した鮮魚小売業などでは，魚類の入荷時期の把握，鮮度保存，調理方法などに至るまでのあらゆる専門知識は生産者と同等以上に要求される。すなわち，当該商品流通過程では当該商品の取り扱いに精通した専門業者が行う方が，社会的に理にかなっており，商品販売を効率的に行えるのである。

次に，消費面からの理由として，消費者における需要の多様化を取り上げることができる。とりわけ，小売業は商品販売の対象者である消費者と直接対峙

することから，当該取り扱い商品の質的量的ニーズを満たさなければならないであろう。これが消費面からの部門分化の源泉となり，価格政策や商品販売方法といった業態分化へと波及する。

ただし，小売業そのものの**小売技術**の革新が生産および消費面の社会的側面から要求されていることが，水平的分化の派生要因の1つであることは言うまでもない。

3. 広義の商業

他方，広義の商業は，狭義の商業より量的質的にも異なり，活動範囲も広範囲に渡っている。先に挙げた商品の輸送，保管を担当する運輸業や倉庫業，情報業ならびに情報処理業などは所有権移転には関与しない。また保険業，金融業などはリスク負担を中心に資金流のみに関与している。

したがって，広義の商業という場合は，上述した狭義の商業（卸売業および小売業）に加えて，商品流通の補完的役割を担う物流業，金融業などを含めて指すことになる。

4. 流通機能

行商人が専業的商品販売組織として店舗を構えるようになり，商業者としての独立した地位を獲得するようになると，社会的分業体制の下では機能的に分化していく。生産段階，消費段階の所有的，場所的，時間的，量的な隔たりなど，経済的懸隔を埋める働きは**流通機能**と呼ばれるが，商業は流通機能を果たすことになる。具体的には以下の通りである。

（1）所有的調整機能：生産者と消費者の人的，所有権の懸隔を埋める機能。
（2）場所的調整機能：生産地と消費地の空間を埋める機能。
（3）時間的調整機能：生産と消費に関する時間を調整する機能。
（4）量的調整機能：生産量と消費量の調整をする機能。

商業者は何らかの活動を行っている。例えば，所有権移転に関わる活動は売買活動や取引活動といった商的流通（**商流**）活動であり，商業の中心的活動と

される。また，輸送，保管など商品の物理的移動に関わる活動は，物的流通（**物流**）活動と呼ばれる。さらに，商品の情報の移動については情報流通（**情報流**）活動，金銭的（**資金的**）移動については資金流通（資金流）活動と呼ばれる。

商流，物流，情報流，資金流は**流通フロー**と呼ばれ，生産と消費との懸隔を橋渡し（架橋）する社会的役割を担っていることがわかる（図1-1）。

図1-1　流通フローのイメージ

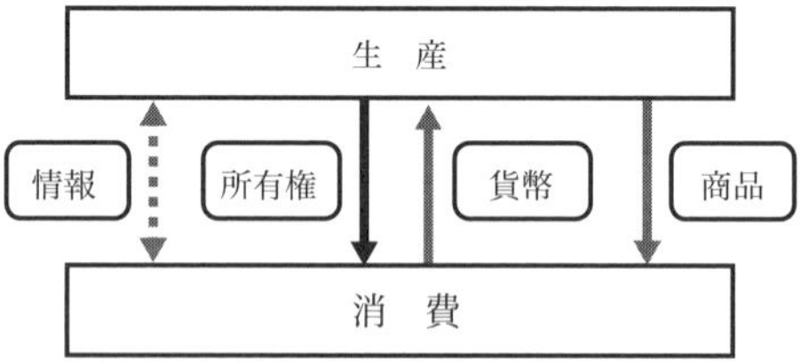

注：商品，つまり財はその流通過程で「保管」をともなう。
出所：鈴木安昭『新・流通と商業〔第5版〕』有斐閣，2010年，6ページ。

第4節　商業の存立根拠

1.　商業の社会的存立基盤と理論的根拠

上述してきたように商業者は社会的に見て生産者の販売代理機能を有すると同時に，消費者の購買代理機能を担っている。周知の通り，商業者は特定の大規模メーカーの商品のみを取り扱うわけ（販売代理）ではないし，また，消費者の購買代理という役割も果たす意味で，安い仕入による差益売買により生じる利潤を源泉として活動しているために，生産者の指定通りの価格で販売するわけでもない。

すなわち，商業者は多数の生産者から数多くの同種商品ならびに異種商品を社会的に品揃えし（**社会的品揃え物**），多数の消費者へと商品を陳列して販売する，いわゆる「市」を形成するのである。商業の社会的存立基盤は**売買集中の原理**として説明できる。

（1）売買集中の原理

売買集中の原理とは，森下氏の『現代商業経済論』で主張されている，現在における商業論の大原則である。それは「商品売買の商人への集中」[13]によって，多数の売買そのものが商業者へ集中することによって得られる利益であり，個別的な販売のもつ偶然性を除去し，販売時間の短縮および危険の軽減がもたらされることを意味している。

商業者は多数の生産者から数多くの同種商品ならびに異種商品を社会的に品揃えすることで，生産者と消費者との売買を容易にし[14]，同時に**市場創造**をもたらす。つまり，生産者が行う販売と消費者の商品購入が商業者のもとへ社会的に集中することで，取引費用が節約され，市場が創造される効果がもたらされることになる。

（2）取引数単純化の原理

取引費用の節約は，以下の原理によっても説明することができる。M. ホールによって提唱された**取引数単純化の原理**[15]は，生産者と小売業者との取引において，両者の間に卸売業者が介在した方が取引数は少なくてすみ，その結果，流通費用は節約されるとの見解を示している（図1-2）。これは生産者と消費者との間に商業者が介在した方が，取引数は削減するとの根拠になっている。しかし，これは条件付きであることも考慮する必要がある。

図1-2　取引数単純化の原理

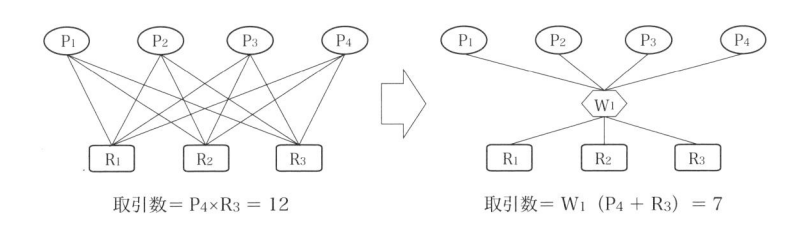

取引数＝ $P_4 \times R_3 = 12$

取引数＝ $W_1 (P_4 + R_3) = 7$

注：Pは生産者，Wは卸売業者，Rは小売業者を示している。

$$\begin{cases} ①生産者と小売業者との間に卸売業者が介在しない場合：Pn×Rn \\ ②生産者と小売業者との間に卸売業者が介在する場合：Wn\ (Pn+Rn) \end{cases}$$

生産者と小売業者との間に卸売業者が介在することで取引数が単純化し最小化方向に向かえば，発注，注文書と商品照会，代金回収などの取引に係る費用を節約することができる。

（3）集中貯蔵の原理

商品在庫の保有に関して，小売業者によって分散的に在庫保有されるよりも卸売業者によって集中的に在庫保有する方が，社会全体的に見た場合，在庫保有量が少なくて済み，結果的に流通費用が節約される。別称，**不確実性プールの原理**と呼ばれ，これも先のM.ホールの主張する原理である。

ただし，不測の事態に対応するために適正在庫の保有は不可欠であるが，商業者のうちで，卸売業者がどの程度保有して，小売業者がどの程度保有すれば，不確実性がプールされるかは明確ではない。また必要在庫量の節約効果は商業者，とりわけ卸売業者固有の機能ではないことにも注意が必要であろう。つまり独立した倉庫業によっても担われる。

しかし，商品在庫を集中貯蔵することによって流通フローが収束され，流通諸活動が**規模の経済性**を享受することは可能であろう。

（4）情報縮約・斉合の原理

またこれは，以下の原理とも関係している。それは，「情報縮約・斉合の原理」と呼ばれており，商業者においては，①生産者に関する情報，②消費者に関する情報の双方が縮約され，斉合されることで取引が促進され，その結果，社会的に商品に関する情報・探索等の費用が節約されるというものである。

2．商業存立の実態

わが国において，1960年代頃よりスーパーマーケットの台頭があり**問屋無用論**が唱えられた時期がある。商業者のうちでも，①大量生産に対応するべく

大量流通を担う能力をもたない卸売業者が存在意義を失うことや，②卸売業者数の過多から社会的非効率が生じているとの理由が挙げられた。とりわけ，②については流通経路で卸売業者が多数介在することにより**流通費用**[16]が上昇し，ひいては商品価格の上昇をもたらすということも叫ばれた。

　実際に，大規模メーカーの出現や生産段階の垂直統合，あるいは生産の集中・大規模化，さらにはメーカーによるチャネル戦略や販売促進戦略などの**マーケティング**の導入は，商業者の特殊技能や熟練への依存度を低め，その活動領域に制約を加える結果をもたらしている[17]。

　しかし一方で，コンビニエンス・ストア等の成長に代表されるような大規模小売業者の台頭により，例えば，**PB商品**の企画立案や大手メーカーとの業務提携による生産機能の代替，フランチャイズ・システムにおける本部機能強化（小売業者による卸売機能の内部化）が意図されている実態なども見て取れる。なお，これらの小売業者の動態は，商業存立における実態の一部であるが，生産者と商業者との市場競争の一面とも言えるだろう。

　以上，これまでに商業の社会的存立根拠を中心にそれを証明する理論をいくつか紹介してきた。商業の重要性は，商業者が多くの生産者から大量に同種商品ならびに異種商品を社会的に品揃えすることで，空間的・時間的・量的に「市」を形成し，多くの消費者へと商品販売を行うことで，商業者がいない場合と比べて圧倒的に社会的に流通費用の節約に貢献し，また流通時間の短縮効果をもたらすところにある。すなわち換言すれば，生産者や消費者が機能的に商業者の一部を担ったとしても，経済活動の総体的効率化や市場拡大は商業者にしかできない役割であり，今日のわれわれの消費生活には欠かせない存在ということになる。

注
1) 個々の個別商品，すなわちナショナルブランド（NB）やプライベートブランド（PB）の低価格化を意味するわけではない。
2) 社会的分業関係における商業者の社会性は「売買の集中」にあり，商業者が多数の異種商品を取り扱う側面と同種商品についても多数の生産者と向き合う側面を指摘する（石原 武政『商業組織の内部編成』千倉書房，2000年，220ページ）。

3) 伊藤 栄『西洋商業史』東洋経済新報社，1971年，12ページ。
4) 民間商人の出現条件として，地域間で経済交流が頻繁であり，専制君主の権力が比較的弱い都市文明であることが記述されている（石井 寛治『日本流通史』有斐閣，2003年，7ページ）。
5) 山崎 吉雄「商業の本質」山崎 吉雄編『商業総論』税務経理協会，1982年，13ページ。
6) ただし，現在は信用経済下における金銭的価値をもつ「電子マネー」も普及していることから，媒介物への理解もある程度必要であろう。
7) 中世商業では専門化が進んでおらず，多岐にわたる商品取引と金銭の貸付，場合によっては運送を同一の商人が行っていた（諸田 實「中世の商業組織」石坂 昭雄・壽永 欣三郎・諸田 實・山下 幸夫『商業史』有斐閣，1980年，45～46ページ）。
8) 諸田 實，同上書，46ページ。
9) 横井 時冬『日本商業史』金港堂書籍，1898年，2ページ。
10) 軽市は『万葉集』の柿本人麻呂の歌にも出てくる。また餌香市や海柘榴市は古くは『日本書紀』にも登場する「市」である。なお，詳細については竹中 靖一・川上 雅『日本商業史』ミネルヴァ書房，1965年を参照されたい。
11) 欧州における商業革命と毛織物工業について記述されている。詳しくは，大塚 久雄『近代欧州経済史序説』岩波書店，1981年を参照されたい。
12) 田島氏は「商人は利己的な利潤追求原理を封鎖的に育てやすい傾向をもっている」と述べている（田島 義弘『流通戦略革命』日本実業出版社，1971年，82ページ）。
13) 森下 二次也『現代商業経済論』有斐閣，1960年，130ページ。
14) ここには販売労働の節約も期待できるとの見解がなされている（森下 二次也，同上書，132～133ページ）。
15) Hall, M.,"The Theory of Wholesale Distribution", Moller,W.G.Jr. and D.L.Wilemon eds.,*Marketing Channels, A Systems Viewpoint*,Irwin,1971.
16) ここでの流通費用とは，さまざまな流通コストであり，具体的には仕入・販売に係る費用である。
17) これは「商業資本の収縮（商業資本の自生的収縮）」であり，「商業資本の排除（商業資本の他生的収縮）」とは区別されている。詳しくは森下 二次也，前掲書，283～293ページ。

柳 純

第 2 章　流通経路

第 1 節　流通経路の必要性と役割

　製造業者は，自社で生産した製品をどのような**流通経路（流通チャネル）**を通じて消費者に購入してもらうかを考え，小売業者は，どのような商品をどのような流通経路を通じて仕入れを行うかを考える必要がある。

　流通経路には，図2-1に示した通り，物の流れ（**物流**），情報の流れ（**情報流**），取引の流れ（**商流**）の3つの流れ（フロー）が存在する。

　まず，物流とは，製品が消費者の手に届くまでの物の流れを指す。また，物流は，生産者（製造業者）の生産（製造）と消費者の消費における場所（place）の隔たり（ギャップ）や時間（time）の隔たりを解消してくれている。例えば，魚や野菜は取れるところが全く違っているが，消費者は，わざわざ収穫地へ出向かなくても，購入したい時に近所のスーパーマーケットで1度に購入する事ができる。それは，魚や野菜を「輸送」してくれる機能や一時的に「保管」する場所が提供されているからに他ならない。こうした，場所的・時間的隔たりを埋めてくれる役割が物流である。

　次に，情報流とは，生産者には，どのような製品があり，それは消費者にどのような価値をもたらすものかといった情報があり，消費者は，どのような製品をどのタイミングで欲しているかといった情報がある。そのため，各々の立場がもつ情報は，何らかの形で相互に伝え合わなければ，その情報についての価値は発揮されなくなってしまう。そのような作り手と買い手の情報についての隔たりを埋める役割が必要になってくる。その役割を果たし，情報の流れを管理していくのが流通経路である。

図2-1 流通経路における3つの流れ

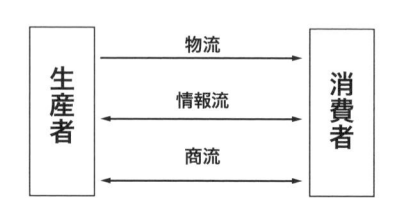

生産者 ⇔ 物流 ⇔ 消費者
生産者 ⇔ 情報流 ⇔ 消費者
生産者 ⇔ 商流 ⇔ 消費者

出所：石井 淳蔵・栗木 契・嶋口 充輝・余田 拓郎『ゼミナール マーケティング入門』日本経済新聞社，2004年，85ページ及び鈴木 安昭『新・流通と商業（第5版）』有斐閣，2010年，6ページを参考に筆者作成。

最後に，商流とは，生産者から消費者に商品が売買（取引）されるまでの流れをいう。生産者は，物流を通じて，物を消費者まで届け，消費者は，物の代金を支払うことで売買（取引）が成立する。つまり，商流では，生産者から消費者への所有権の移転が行われる。

第2節　流通経路の各形態

1．流通経路の階層性

流通経路については，生産者の生産と消費者の消費における時間や場所あるいは形態（form）といった隔たりを解消する役割がある。また，日本における消費財の流通経路は，一般に多段階を特徴としており，卸売業者が多数介在している。消費財の流通経路の階層性は，次のように4つの形態に分類できる[1]。

　①0段階経路：生産者（製造業者）⇒消費者
　②1段階経路：生産者（製造業者）⇒小売業者⇒消費者
　③2段階経路：生産者（製造業者）⇒卸売業者⇒小売業者⇒消費者
　④3段階経路：生産者（製造業者）⇒一次卸売業者⇒二次卸売業者⇒小売業者⇒消費者

このような生産者と消費者の間に何段階の流通業者が介在するかによって流通経路の長さが決定する。

2. 直接流通チャネルと間接流通チャネル

　流通経路は，通常，図2-2のように**直接流通チャネル**と**間接流通チャネル**に分けられる。直接流通チャネルは，①0段階経路のように生産者が直接消費者に販売する，つまり，中間流通を通さない経路である。直接流通チャネルは，生産者が消費者と直接接触するため，情報伝達の確実性，商品流通の迅速性といったメリットがあるが，生産者と消費者の数が増大すると**取引数最小化の原理**[2]に反して流通コストが嵩むといった不利益も存在する[3]。

図2-2　直接流通チャネルと間接流通チャネル

```
                ┌─ 直接流通チャネル ─── ①0段階経路
                │
流通経路 ───────┤                      ┌ ②1段階経路
                │                      │ ③2段階経路
                └─ 間接流通チャネル ───┤ ④3段階経路
                                       │   ・
                                       │   ・
                                       └   ・
```

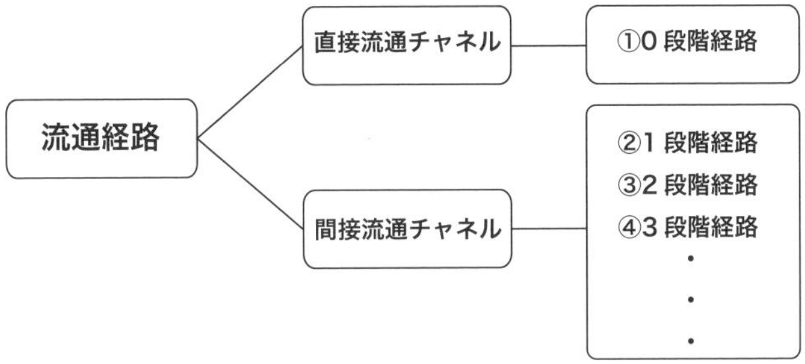

出所：筆者作成。

　一方，間接流通チャネルは，②1段階経路，③2段階経路，④3段階経路のように卸売業者や小売業者が介在することで多くの消費者に生産物（製造物）を流通させることができるため，販売機会を拡大することが可能となる。また，「取引数最小化の原理」を活用して全体としての流通コストの削減に貢献できる。しかし，当該流通経路における介在者が増えるほど，介在者が得る利益が最終価格に転嫁されることにより，最終消費者が支払う価格が高くなる恐れがある。また，生産物が消費者に届くまでに時間がかかってしまうなどのデメリットも存在する。そのため，企業は，**ダイレクト・マーケティング**や訪問販売といった直接流通チャネルを選択するか，卸売業者や小売業者を介在させる間接流通チャネルを選択するかあるいはその双方を行うかを慎重に考慮する必要がある。

3. 間接流通チャネルの3類型

間接流通チャネルにおいては，一般的に組織的な取引関係の統合の度合いに基づき，次の3つに分類される[4]。

(1) 企業型システム

生産（製造）段階や流通（卸売・小売）段階において特定の企業によって資本・人的に統合されているシステムであり，下記2つのシステムと比較して，組織的な取引関係の度合いが最も強いシステムである。具体的には，多くの自動車関連企業は，自社の卸売部門として販売会社を設立・運営している。また，製造業者が直接，小売部門（直営店）を運営する場合もある。このようなシステムは，流通部門を内部化するため，流通コストを削減するメリットはあるが，販売会社や直営店は，製造業者の意向が強く反映されるため，取扱商品や経営方針において自由度が少なく柔軟な対応ができないなどのデメリットも発生する。

(2) 契約型システム

生産段階や流通段階に関わる各企業は，独立しているが，契約によって組織的な取引関係を結んでいるシステムである。具体的には，**ボランタリー・チェーン**と**フランチャイズ・チェーン**がある。ボランタリー・チェーンには，本部が卸売業者主宰あるいは小売業者主宰である場合の2つの形態があるが，大規模小売業者に対抗するため，いずれも複数の中小小売業者が独立した経営を維持したまま，加盟店となり，商品の共同仕入れ及び**プライベート・ブランド**商品の共同販売を目的として組織化・協同化されるチェーン・システムである。

加盟店のメリットは，共同仕入れによる規模の経済の発揮，本部に集中的に集められた情報の加盟店へのフィードバック，本部から加盟店への利益還元などがある。反面，加盟店の自由度が高い分，協業意識が低くなりがちであり，チェーン全体としての競争力が低下してしまうため，市場競争力を如何に高めて行くか，また加盟店の業績如何によっては撤退も考えられるため，加盟店数を如何に維持していくかといったことが課題として挙げられる。

フランチャイズ・チェーンは，本部（**フランチャイザー**）と加盟店（**フランチャイジー**）が契約によって組織化されるチェーン・システムである。本部は，加

盟店に対して，商標や看板の使用を認め，商品の供給，経営指導などを行う。また，加盟店は本部に対して，それらの見返りとして加盟金やロイヤルティ（経営指導料）を支払う契約を取り交わすことになる。本システムにおける本部側のメリットとしては，幅広い人材の獲得，加盟金やロイヤルティの徴収による安定した収入源の確保，自己資本ではなく他人資本による容易な多店舗展開などが挙げられる。一方，デメリットとしては，本部直営（**レギュラー・チェーン**）ではないため，加盟店の統制が困難であったり，加盟店側からのイメージの悪化やノウハウの漏えいなどがある。

　また，加盟店側におけるメリットは，本部のシステムやブランドやノウハウを使用して比較的容易に開業が可能，本部からの様々な支援（会計処理や情報収集，広告宣伝など）を受けられることによるコストの軽減などがある。一方，加盟金やロイヤルティの支払い義務の発生，本部からの統制により地域特性に合わせた商品の販売が出来ないなどのデメリットもある。特に，本部と加盟店との関係性を上手く構築できるかが課題となる。

(3) 管理型システム

　生産段階および流通段階において，各企業は，独立しているが，当該システムのリーダーがマーケティング・プログラムを提示し，構成員が，リーダーによって統制・調整・管理されるシステムである。本システムが，上記２つのチャネルシステムと比較して組織的な取引関係の統合の度合いが最も低いシステムである。コンビニエンス・ストアとお弁当加工業者との取引関係やスーパーマーケットと加工食品，日用雑貨品メーカーなどとの取引関係において見られるシステムである。構成員の共通目標や活動統制はかなり限定的なものとなるため，リーダーのコスト負担が少なくて済む。

4. 流通経路設計の３類型

　流通経路の設計においては，製品によって効果的な経路選択が必要となり，通常，次の３つの形態から経路選択を行う。

(1) 開放的流通チャネル

当該製品をできるだけ多くの業態で扱ってもらうために選択される経路形態であり，多くの流通業者が関わることになる。具体的には，チョコレートやスナック菓子，ペットボトル入り茶系飲料や日用雑貨品の多くは，不特定多数の消費者を標的目標として販売されるため，スーパーマーケットやコンビニエンス・ストア，ドラッグ・ストア，ディスカウント・ストアなどさまざまな業態で取り扱ってもらった方が，購買機会が増加するため，経路を限定せずにできるだけ多くの経路を選択することになる。

(2) 選択的流通チャネル

当該製品を扱う流通業者が，ある程度選択される経路形態である。経路を選択する事で当該製品のブランド・イメージを守ったり，確実に利益が確保できる。具体的には，衣料品や家電品の業界で採用される経路形態である。メリットとして，開放的流通チャネルと比較し，製造業者の経路管理の容易さや販売業者の選択されることによる販売意欲の向上などが挙げられる[5]。

(3) 排他的流通チャネル

当該製品のみを扱う流通業者だけを構成員にする経路形態である。特定地域で当該製品を独占的に販売する権利を与え，当該製品のブランド・イメージの保護などを行う。具体的には，自動車業界や高級ブランド品の専門店などが該当する[6]。販売店が制限されるため，当該製品の希少価値向上にも役立つ。

第3節 流通系列化

製造業者特に消費財メーカーは，マーケティング戦略として卸売業者や小売業者を選択し，自社製品を有利に取り扱ってもらえるように仕向けるために，グループ化しようとする戦略を取ることがある。これを**流通系列化**という。また，流通系列化には，いくつかの形態がある[7]。

1. 流通系列化の形態

(1) 代理店・特約店制度による流通系列化

　代理店・特約店制度による流通系列化は，卸売の段階での統制が，契約型システムや管理型システムが採られ，比較的緩やかな組織統合が行われる。加工食品や日用雑貨品などの業界において見られる。**代理店**とは，特定の企業同士が契約を結び，特定期間において販売を代理する流通業のことである。また，特約店とは，特定のメーカーが特定の流通業に対して，販売において特定地域の独占的権利を与える契約を結んでいることである。また，特に**特約店**制度は，製造業が卸売業を選定し独占的に販売権を与えるという卸売段階の系列化を指すことが多い。

(2) 販社型流通系列化

　販社型流通系列化は，製造業者が卸売段階を統合する企業型システムが採られている。そのため，卸売業者は，製造業者の専属の販売会社となることが一般的であり，資本や人的統合が強い形態である。具体的には，家庭用合成洗剤業界で採られている。

(3) 一貫型流通系列化

　一貫型流通系列化は，製造業者が卸売段階を統合し，販社化するだけでなく，小売段階にも積極的に関与する事が多い。つまり，卸売段階は，企業型システムが採られ，小売段階では，契約型システムや管理型システムが採られているが，組織の統合化の度合いは，販社型と直販型の中間に位置づけられる。具体的には，家電業界や化粧品業界において見られており，店舗や売り場における統一イメージ作りや取扱製品の制限などを行う。

(4) 直販型流通系列化

　直販型流通系列化は，製造業者が卸売段階を完全に内部組織化しており，自社の営業部門が直接小売店に販売し，小売段階の管理・統制を行っている。つまり，卸売段階は，企業型システムが採られ，小売段階では，契約型システムや管理型システムが採られている。具体的には，自動車，新聞，一部の医薬品メーカーが該当する。特に，自動車や新聞では，小売業段階においての統制が

厳しく，**専売制**（他社製品の取り扱いを厳しく制限する制度）が採られている。

2. 流通系列化を支える取引制度

製造業者は，流通系列化を進めるために流通段階において様々なメリットを享受できるような取引制度を導入してきた。そのなかで，**リベート制**，**一店一帳合制**，**テリトリー制**，**建値制**について取り上げる。

リベート制とは，割戻しとも言われ，売り手が販売を終了した時点で，販売代金の一部を払い戻す制度である。リベートの支給方法は，取引額に応じた定率的リベートや販売量に応じて累進的に支給する数量的リベート，また，臨時で支給されるスポットリベートなどがあり，製造業者が自社製品を流通段階で有利に扱ってもらうことを目的とした取引制度である。

一店一帳合制とは，製造業者が，卸売業者に対して販売先を特定の小売業者に限定するとともに，小売業者に対しては，特定の卸売業者から仕入れることを限定させる制度である。これは，製造業者が，自社の流通段階を統制しやすくするための制度であるが，流通段階の自由競争を阻害し，価格統制を行う目的でこの制度を利用した場合，**独占禁止法**の不正取引に抵触する可能性があり，慎重に利用する必要がある。

テリトリー制とは，製造業者が流通業者に対して自社製品の販売地域を制限し，特定地域の専売権を与える事で効率的な販売活動を行うための制度である。

建値制とは，製造業者が自社製品の標準的な卸売価格や小売価格を設定する制度であり，**メーカー希望小売価格**などと呼ばれてきた。しかし，量販店やディスカウント・ストアの台頭により建値制が崩壊し，**オープン価格制**が主流となっている。

3. 流通系列化見直しへの動き

流通系列化は，製造業者が，流通段階を統制することで自社製品の価格維持や効率的な販売を目的に採られてきた政策である。しかし，同時に公正な競争が阻害される危険性があり，大きく見直しが迫られている。「建値制」から「オー

プン価格制」への移行は，その動きを如実に表している。

　特に，中小小売業に代わり，量販店や**カテゴリー・キラー**やディスカウント・ストアなどの新業態の台頭・成長は，価格競争を激化させ，結果，製造業者が望む価格の統制が出来なくなってしまった。その背景には，バブル経済崩壊以降の消費者の消費行動の変化（安くて良いものの選択や比較購買ができる量販店利用者の増大など）やメーカー主導から小売主導へと流通主導権の変化（**バイイングパワー**＝仕入力を背景として量販店が流通の主導権を握る）といった動きがある。こうした変化により，系列店の衰退を招き，流通系列化政策は見直しを迫られており，流通再編が加速している。

第4節　変化する流通経路政策

1．製造業者と流通業者の協調関係 ―「取引」から「取組」へ

　流通系列化政策は，実質的な製造業者の流通段階の「取引」関係の支配を意味し，製造業者のパワーが発揮された政策であった。しかし，大手スーパーなどの大規模小売業が台頭するにつれ，廉売や乱売などを行う小売業が出現し，製造業者が思うような価格支配が出来なくなってしまった。そこで，家電メーカーなどの大規模製造業者は，当該小売業者への出荷を制限したり，取引を停止するなどの対策を採るようになり，大規模製造業者対大規模小売業者というパワーの対立を生じさせ，激化させて行くことになる。

　しかし，前述した製造業者を取り巻く環境の変化により，流通系列化を押し進めてきた製造業者は，政策転換を迫られ，次第に，パワーをもつ大規模小売業者との間で情報の共有化やプライベート・ブランド開発などを積極的に行うようになった。つまり，製造業者と流通業者は，これまでの対立関係から生まれる「取引」関係ではなく，協調関係から生まれる「取組」関係へと移行してきているのである。

2. 多様化する流通経路政策—製販提携の進展

　製造業者と流通業者の関係が「取引」関係から「取組」関係へと変化するにつれて、これまでのように「パワーの対立」の概念から「Win－Winの協調」の概念で捉えられるようになり、製造業者の流通経路政策は大きく転換してきている。そのような動きの1つに**製販提携**（戦略的提携，**パートナーシップ**などと呼ばれる事もある）という動きがある。

　その「製販提携」が注目されたきっかけは、世界最大の小売業であるアメリカのウォルマートと日用雑貨品メーカーのP＆Gが行った「製販提携」である。これは、ウォルマートから提供されるPOSデータに基づき、P＆Gが生産計画を調整し、ウォルマートの配送センターに直接工場から在庫補充する仕組みを構築した。この結果、「ペーパレス取引、在庫リスク・費用の削減」といったメリットが両社にもたらされ、ウォルマートの**エブリディ・ロー・プライス**（毎日お買い得価格の提供）政策の実現を促した[8]。

　その他にも、セブン-イレブンやイオンの物流システムや商品開発において、大規模製造業者との「製販提携」が見られている。

　また、衣料品の分野で、製造と小売の双方の機能をもつ**製造小売業**（**SPA業態**）なども新たな業態として登場している。**製販統合**の1形態であり、製造業が小売業に進出する場合と小売業が製造業に進出する場合がある。

　このような「製販提携」や「製販統合」が進展する背景には、インターネットを活用した情報の共有化や**EOS**（電子受発注業務システム）を利用した在庫管理によって、より実需に近い形での生産・販売管理が可能となっていることがある。また、**SCM**（サプライチェーン・マネジメント）のように流通経路の構成員全体の最適化を図るマネジメント・システムの導入なども流通経路の多様化を加速化させる要因となっている。

第5節　最適化への展望

　本章では、流通経路の基礎理論に関して述べてきた。流通経路の必要性と役

割や流通経路の形態すなわち階層性，直接流通チャネル・間接流通チャネルによる分類，間接流通チャネルにおける取引関係の統合度合いによる分類，流通経路設計による分類について述べてきた。また，これまで大規模製造業者が中心となって行ってきた流通政策である「流通系列化」について，その形態や取引制度，見直しを含めた現状について解説した。さらに，「流通系列化」の見直しによって出現した新たな流通経路政策について，製造業者と流通業者のパワーバランスの変化がもたらす「取引」関係から「取組」関係といった関係性の変化から捉えることで説明してきた。

このような製造業者の流通経路政策の変化は，製造業者が，経営環境の変化に対応していることの表れであり，製造業者が，生きる術を効率の観点から模索しているのである。また，流通業者も同様に，**グローバル小売業**の進出や異業態間競争の激化により同業態同士の合併や提携といった「流通再編」が進んでおり，流通経路の構成員も日々変化しているのである。

つまり，「これで最善である」という流通経路政策などはなく，製造業者，流通業者を問わず，経営環境に素早く対応し，流通経路の構成員全体の最適化を考えた流通経路政策が望まれるのである[9]。

注
1) 拙稿「マーケティング」伊部 泰弘・今光 俊介編『現代社会と経営（増補版）』ニシダ出版，2011 年，46 ページ。
2) 取引数最小化の原理とは，生産者（製造業者）と消費者が直接取引するよりも，卸売業者や小売業者などの中間流通が介在することで流通コスト全体の節約になる事。例えば，流通経路に生産者3人（社）に対して消費者が4人いるならば，3× 4 ＝ 12 通りの取引が必要になるが，小売業者が1社介在することによって，3 ＋ 4 ＝ 7 通りの取引で済むために全体で流通コストを下げる事ができるとする原理（考え方）である。
3) 矢作 敏行「変容する流通チャネル」田島 義博・原田 英生編『ゼミナール 流通入門』日本経済新聞社，1997 年，306 ～ 307 ページ。
4) 同上書，309 ～ 312 ページ。浦上 拓也「マーケティング・チャネル」宮澤 永光・城田 吉孝・江尻 行男編『現代マーケティング─その基礎と展開』ナカニシヤ出版，2009 年，178 ～ 179 ページ。
5) 浦上 拓也，同上書，176 ページ。
6) 同上書，177 ページ。

7) 矢作 敏行，前掲書，317 〜 319 ページ。
8) 同上書，300 ページ。
9) なお，本章については，以下の文献も参照されたい。
　石井 淳蔵・栗木 契・嶋口 充輝・余田 拓郎『ゼミナール マーケティング入門』日本経済新聞社，2004 年。
　拙稿「マーケティング」伊部 泰弘・今光 俊介編『現代社会と経営(増補版)』ニシダ出版，2011 年，57 〜 71 ページ。
　今光 俊介「マーケティング」伊部 泰弘・今光 俊介編『事例で学ぶ経営学』五絃舎，2012 年，33 〜 45 ページ。
　浦上 拓也「マーケティング・チャネル」宮澤 永光・城田 吉孝・江尻 行男編『現代マーケティング―その基礎と展開』ナカニシヤ出版，2009 年，171 〜 188 ページ。
　清水 真「チャネル戦略」片山 富弘・谷本 貴之・松井 温文編『就職に役立つマーケティング』一灯館，2009 年，65 〜 76 ページ。
　鈴木 安昭『新・流通と商業』有斐閣，2010 年。
　高嶋 克義『現代商業学』有斐閣アルマ，2002 年。
　松井 温文「経路戦略―インターネット販売と人的販売―」伊部 泰弘・今光 俊介・松井温文編『現代のマーケティングと商業』五絃舎，2012 年，81 〜 97 ページ。
　矢作 敏行「変容する流通チャネル」田島 義博・原田 英生編『ゼミナール 流通入門』日本経済新聞社，1997 年，292 〜 328 ページ。

伊部 泰弘

第3章　商業集積の論理

第1節　商業集積とは

　集積は何かの集まりである。例えば，アメリカにはカリフォルニア州にあるシリコンバレーのような半導体を中心とする**産業集積**がある。日本には中京工業地地帯・阪神工業地帯・北九州工業地帯のような**工業集積**がある。集積を形成することによって，さまざまなメリットが生み出される。産業集積や工業集積と同じようなメリットもあるが，**商業集積**はその形成過程が根本的に異なる。後述するが，商業集積の歴史は商店街の形成を出発点とする。商店街は消費者の購買行動に対応するため，必然的に形成されたという特徴がある。

　商業集積はその用語のとおり，商業者の集まりである。商業者はまさに商業を営む経済主体である。ただし，本章における商業者は例えば，洋菓子店，居酒屋，喫茶店などのように，実質的には商品の生産も行う経済主体も含めた曖昧な用語である。話を戻せば，商業集積の形成には2つのタイプがある。1つは経営者や家族が直接経営する店舗が集まり消費者のニーズに適合するよう自然発生的に形成された商店街のような集積である。または，そのように自然発生的ではないものの，結果として，商業集積が形成された場合である。もう1つは商業集積の運営主体自らがある特定の地域や施設に複数の店舗を出店したり，商業者に出店を要請する場合である。それら2つのタイプは表面的には同じように見えることもあるが，その違いは大きい。

　この2つのタイプを補足説明するために，大阪駅周辺にある商業集積を考えてみよう。大阪駅周辺には，ヨドバシカメラマルチメディア梅田店，JR大阪三越伊勢丹，LUCUA（ルクア），大丸大阪梅田店，阪神梅田本店，阪急うめ

だ本店，阪急メンズ大阪などがある。1つのタイプはそれら全体をまとめて商業集積と認識する。それに対して，もう1のタイプは少し注意が必要である。商業集積を形成する1つの要素である，例えば，大丸大阪梅田店という個別の店舗それ自体を商業集積と認識する。または，株式会社阪急阪神百貨店が経営する阪神梅田本店，阪急うめだ本店，阪急メンズ大阪という複数の施設を1つの商業集積と認識する。

本章が積極的に分析対象とするのは後者の商業集積である。前者と後者の違いは何か。前者は人々が商業者の集まった状態を商業集積と認識している。それに対して，後者は商業集積の管理者がその形成段階から明確に商業集積を把握し，管理している。もちろん，後者を人々も商業集積と認識する。前者は結果として形成された商業集積であり，後者は目的をもって形成されたものである[1]。

商店街という商業集積がこの2つのタイプのどちらに該当するのかという判断は難しい。歴史的な形成過程をもつ商店街の今日の姿を材料に確認しておこう。駅前にある商店街を思いだそう。明らかに商店街が形成されている場合もあるが，小規模な小売店が集まり，何となくまとまりをもつ場合もある。商店街には組合があり，夏祭りや期間セールなど，商店街全体としての活動がある。本章において，このような事実だけを根拠に商店街という集積を運営主体が把握し，管理している商業集積であるとは認識しない。確かに，商店街組合は商店街全体の運営を行う。しかし，歴史的にみれば，商店街は自然発生的に形成されたものである。管理運営主体は商店主の集まりから構成されるに過ぎない。言い換えれば，運営主体が何らかの意味・意図をもって商店街という集積を形成したのではないということである。そのような現実があるからこそ，運営主体は組合という名称になる。組合と個別商店との間には支配従属関係がないため，統制力が弱い。

本章では，商業集積は全体としての方向性があることと，運営主体が管理能力と権限をもつことが要件となる。基本的に，商業集積を最初から形成する主体があって初めて，その運営主体が商業集積を明確に把握していると認識され

る。それに対して，商店街は基本的に，人々がそれぞれの意味をもって，商業集積と認識しているものと筆者は考える。しかし，各商店主の考えが全体としてまとまり，管理的機能が働くような場合，その組合または，各商店主たちは商業集積を形成しているものと認識される[2]。

第2節　商業集積の論理

商業集積の論理は石原武政による2つの論稿「売買集中の原理と商業集積[3]」と「商業集積における管理と競争[4]」で十分に説明がなされている。よって，本節ではそれらを紹介する。

1. 業種店と商業集積

鮮魚店，青果店，酒屋など，特定商品を扱う小売店を業種店と呼ぶ。**業種店**を**売買集中の原理**から説明すれば，消費者が求めるさまざまな商品の集合体と小売店側が提供できる**商品の品揃え**との間には隔たりが生じる。商品が購入されることは小売店が存続するための必要最低条件なので，商品供給側である小売店での品揃えが調整される。各小売店にはそれぞれが得意とする商品群があり，知識や販売能力が不足する商品を扱うことは困難である。売買の集中という原理は社会的に生産と消費を結び付けるものではあるが，さまざまな制約があり，ある1地点において全てを集中させることはなく，全国各地にそのような拠点が多数発生する。それだけでなく，各拠点においても，商業集積という形でもって，それぞれの地域における売買の集中が達成される。それぞれが得意とする業種に分かれ，商業者が商業集積を形成することで，消費者の購買期待に対応しようとする[5]。

上記はある商業集積にさまざまな業種店が成立することを説明する。しかし，現実の商業集積内には同じ業種店が複数存在する場合がある。そのようになる論理を化粧品の例から考えてみよう。今日，市場には膨大な種類の化粧品が溢れている。化粧品と言えば，有名化粧品製造企業が生産する商品が即座にイメー

ジされる。実際には，製薬企業や酒造会社，更に，精密化学企業などでも化粧品は生産されている。また，中小零細規模の化粧品製造企業もかなりある。巨大製造企業においては，複数の商品ラインナップがあり，乳液というカテゴリー1つをとっても，複数の商品が市場に導入されている。これらの膨大な商品が全て1つの小売店舗に集められたとしたら，消費者にはかえって煩わしさが生じる。また，実際には百貨店で販売されている商品について，全ての商品が混在する状況に納得しない消費者が出てくる。その消費者は化粧品をセルフ方式で購入するのではなく，詳細な商品の説明や丁寧な化粧方法のアドバイスを求めるからである。また，煩わしさは消費者側だけの問題ではない。小売店も膨大な商品の仕入業務，在庫管理，利益率の差による会計処理などの作業も加速度的に増加する。それだけでなく，商業集積はある一定の地理的な広がりに限定された消費者をターゲットとすることから，販売量もその制約を受け，全ての商品を取り扱うことは現実的ではない。そのため，同業種であっても，複数の小売店がそれぞれの能力に合わせた商品を限定的に取り揃えるようになる[6]。

2. 商業集積内の依存の限界と管理

小売店は互いに補完関係にあり，商業集積全体として，消費者の**購買代理機能**を果たす。しかし，ある時点での適切な商業者の配置・構造を形成していたとしても，それが将来的にも商業集積としての経済的成長・存続を保証するものではない。消費者ニーズは移り変わるからである。そのような変化に柔軟に対応することが商業集積に求められる[7]。

追加にはなるが，消費者ニーズそれ自体が変化するという考えもある。もう1つは製造企業がマーケティングという手段でもって，強力に消費者ニーズを自らの思惑のもとに変更させることによって，新たな需要を創造するという考えもある。どちらであろうとも，製造企業だけでなく，消費者ニーズの移り変わりは商業者にとって大切である。もし消費者ニーズが固定的であるならば，市場に出回る商品の種類は限定的になり，同じ商品が市場で頻繁に見受けられ，消費者は価格を中心に比較購買する。それにより，商業者は低価格競争に巻き

込まれるからである。

　消費者ニーズの変化に柔軟に適合する動態的な商業集積の維持が求められるが，これは現実的には困難である。新たに出現した消費者ニーズに小売店が対応するにはそれ相応のリスクを伴うからである。現状において，小売店主が一定の利益を確保していたならば，冒険を避けるかもしれない。また，商業集積の魅力が一定程度確保されていたならば，不十分な品揃えであっても，その小売店は適度な売り上げが確保できるかもしれない。これは周りの小売店の集客力に頼ったただ乗りによる恩恵である。また，消費者ニーズに適合するよう商業集積全体としての品揃えを調整するために，ある商品群の拡大や縮小が求められているとしよう。このような状況に対応するため，小売店を廃業，拡大，縮小，新規開店などの調整が必要となるかもしれない。しかし，小売店の経営主体は独立していることから，このような調整は現実的には困難である[8]。

　このように小売店の集まりは管理がきわめて困難であるため，**相互依存関係**と消費者ニーズへの動態的な対応ができる商業集積が必要となる。商業集積の実質的な管理運営主体の登場によって，それは達成される。その管理主体は一定の施設空間にさまざまな小売店を組み込んで，全体としての魅力度を高めようとする。その際，管理運営主体は空間を埋める各店舗に競争関係よりもむしろ，相互依存関係が成立するように，適切な調整を行う[9]。

　このようにして，商店街のような商業集積の形成から，百貨店や郊外型総合スーパーマーケットのような**管理型の商業集積**の形成へと移行する。

第3節　消費の二面性とインターネットの普及による影響

　デフレーション経済にある今日，基本的には，商品の販売量が低下するだけでなく，低価格商品が販売の中心になる。このような状況において，論理的には，大量生産された商品が競争優位に立つ。大量生産は消費者の多様なニーズを無視した悪しき生産システムであると批判されることもあるが，低価格で商品の品質を一定程度に高く維持する大きなメリットがある。

もし，大量生産システムがそれだけで絶対的な競争優位性を確保するならば，それが困難な中小企業は淘汰され，市場が寡占化する。大企業だけが残る市場において，同種商品数は少なくなり，消費者の選択肢は減る。しかし，現実はそのようにはなっていない。所得が少ない今日，より安い商品を買い求めようとするのが合理的な消費者の行動である。100円ショップやディスカウント・ストアでの賑わいがその現れの例となる。一方，同一商品の価格を比較してみると，スーパーマーケットよりも価格は高いにもかかわらず，消費者はコンビニエンス・ストアでも商品を購入する。購買の利便性（コンビニエンス）だけではこの説明が困難である。コンビニエンス・ストアでの商品は明らかにスーパーマーケットとは異なる。もちろん，スーパーマーケットと同じ商品やプライベート・ブランド商品もあるが，高品質高価格な商品も多い。例えば，人気のある有名店やご当地のカップラーメン，材料にこだわった菓子，有名シェフ監修のスイーツや弁当，乳脂肪分が特に多く空気の混入率の極めて低いプレミアムアイスクリームなど，コンビニエンス・ストアには**付加価値**の高い商品が豊富にある。

　消費者はデフレーションの影響を強く受け，低価格商品に関心が引き寄せられる。しかし，同じ消費者は各自のこだわりある部分に対して，積極的な購買意欲があることを示すものと筆者は認識する。コンビニエンス・ストアの例では，軽食や息抜きに飲食する商品は少し贅沢をしようという思いがあるのではないか。コンビニエンス・ストアはPOSシステムに代表されるように，商品購買に関するさまざまな情報がレジ端末を通して，瞬時に集計される。その情報をもとに，効率的な商品の品揃えがなされることから，上述のような商品の購買実績は一般大衆の購買意欲の現れであると考えられる。多くの消費者が低価格と高品質高価格の商品を両方共各自の価値基準に従って購買する**消費の二面性**がみられる[10]。これを補完する根拠として，全体の売上高はピーク時に比べると低下はするものの，高級有名ブランド商品がかなり購買されている。また，過去には高額所得者の象徴であった外国製自動車もいたるところで見かけられる。

大量生産された低価格商品も商業集積の中で取り揃えられるべき大切な要素ではある。しかし，それらは消費者の基本的な購買対象ではあっても，直接，消費者を商業集積に引き寄せる力強い吸引力にはなり得ない。なぜなら，そのような商品には競争関係にある他の商業集積に対する差別的優位性は小さいからである。もし，吸引力を高めようと，消費者のこだわりに焦点をあてるならば，魅力ある商品を提供する商業集積を形成しなくてはならない。しかし，これは非常に難しい。

　その理由の1つに，インターネット社会の発展がある。パソコンだけでなく，携帯電話やスマートフォンなどの端末でのインターネットの利用が急速に高まり，それらは商品の購買に大きく役立っている。インターネットで販売される商品は現物を確認できない。しかし，広く認知された商品の場合，現物を確認する必要がない。大量生産された商品はその典型である。大量生産された商品の場合，インターネット市場が一般的な市場に対して有する基本的な競争優位性は，低価格での商品の購入の実現と商品探索時間の節約である。また，商品購入先を決定する際，価格を専門に比較するインターネット・サイトが有効となる。大量生産された商品ではなくとも，消費者の認知度が高い有名ブランド商品についても，インターネットが有効な購買手段となる。それだけではなく，認知度は高くはなく，また，それだけ購買時のさまざまな危険性は高くとも，消費者の購買意欲をかき立てるような商品の探索もインターネットの有効性が非常に高くなる。

　インターネットの普及によって，さまざまな価値基準での魅力ある商品が容易に購買できる。そのため，商業集積において，どのような品揃えを形成するかがますます問われる。今日的市場環境に対応するため，更なる商業集積の発展・充実が求められる。その具体的な商業集積のあり方，方向性の1つ，または，新しい動きを次節で紹介する。

第4節　今日的商業集積の分析

　2つの異なるタイプの商業集積を紹介する。筆者がもっとも注目する商業集積は兵庫県にある大丸神戸店である。大丸百貨店の本店は大阪心斎橋店であるが，店舗販売の局面だけを捉えると神戸店が本店に代わる旗艦店だと筆者は考える。百貨店は従来，1つの建物の中に店舗（商品）が集められていた。それだけでは十分な品揃えが困難であると判断された場合，別館の建設や増床もなされる。神戸店ではそのような売り場面積の増加だけではなく，地域的な拡大がなされている。大丸が周辺の土地建物を購入し，その施設に個別店舗を配置するという形態が取られている。「旧居留地」というキーワードを活用し，消費者に積極的なアプローチを行っている。従来，本館の中に入っていた高級有名ブランド店が路面店になっている。旧居留地におけるこのような地域への広がりを百貨店独自の強みの充実という視点からみていこう。

　それは高級有名ブランド各店舗内の品揃えと消費者を顧客へと育成する対応の充実である。前者について，本館建物内に店舗がある場合，各店舗の売り場面積が十分に確保されず，商品の品揃えを充実させられないという問題がある。それに対して，路面店に移動することにより，その問題は大きく解消される。高級有名ブランド商品の場合，より限定的な消費者を対象にはしているが，品揃えの更なる充実は遠方からの消費者を引き付ける重要な要素になる。後者について，将来，収益の柱となる若者消費者を顧客へと育成する力強い活動を行わなくてはならない。消費者と顧客とは異なる概念であり，特定の店舗を頻繁に訪れる消費者を顧客と呼び，店舗スタッフと顧客との間には信頼関係が形成されている。繰り返せば，将来，百貨店がターゲットにすべき所得にゆとりのある世代を確保するため，若い時期から，消費者を顧客に育成する活動が重要となる。そのため，本館内には若い消費者をターゲットとする商品を取り揃える必要があり，路面店展開をすることで本館内の店舗・品揃えを調整・再構築できる。もし，路面店に比較的価格帯の安い若者向けのブランド店舗を配置し

たならば，後述するような集客力は十分に得られないであろう。旧居留地という名称に相応しい店舗が集められなくてはならない。筆者の論理に従ってかどうかは全く不確かではあるが，実際，そのようになっている。また，本館にはそれ以外の多様な商品があり，将来の顧客がそれらを購買経験する機会を作らなくてはならない。更に大切なこととして，百貨店の社員が消費者に直接対応し，教育する過程がなくてはならないからでもある。

　旧居留地にある商業集積の消費者にとっての魅力を検討する。商業集積における社会的な売買集中の原理は過去・現在に関係なく，普遍である。しかし，インターネット社会の進展やデフレーション経済は商業集積の魅力を相対的に低下させた。インターネットの普及が不十分な時代，消費者は小売店舗を訪れる必要があった。購買行為が好きではない消費者もそれをせざるを得なかった。そのような消費者に対して，商業集積はそれ自体が魅力であった。商品探索時間の節約は彼らの消極的な購買意欲，やむを得ない購買を充たす役割を担っていた。そのような消費者による購買が百貨店でも行われていたであろう。また，特に，呉服系百貨店は従来の顧客を中核としつつも，大衆化を図った。高度経済成長やバブル経済を受け，大衆化は過剰なまでになされ得たと考えるならば，今日，売上高が低迷し，百貨店業界は不景気だとは言われるものの，百貨店は本質的機能[11]に回帰する時代であるとも理解される。今日，百貨店を訪れる消費者は過去と比較して，百貨店を好んで利用する顧客と理解されるからである。それに対応するだけの魅力ある商品が品揃えされなくてはならない。

　「ウィンドウ・ショッピング」「シャワー効果」「屋上遊園地」などの用語は現代において，実態にそぐわないものもあるが，本質の重要性は変わらない。積極的に言及すれば，今日，それらの中にある本質がますます強調されるべきである。「ウィンドウ・ショッピング」に関して，各店舗の商品の品揃えや商業集積全体の力強い魅力は旧居留地にある。「屋上遊園地」はなくなった。建物内において，下の階から上がり，食堂街で食事をした後に階を降りるという「シャワー効果」も以前と比較して十分にはない。百貨店の周りには競合するレストランやカフェなどが多いからである。しかし，旧居留地はそのような建

物内(箱内)の上下の動きから平面的な動きを創り出すことによって，例えば，洒落たデートコースとして，新たな人の流れ，動線を創っている。旧居留地にあるカフェやレストランなどは本館にはない独自性があり，洗練された消費者を取り込む手段になっている。

　次の事例は大阪心斎橋にあるアメリカ村である。先述した高級有名ブランド商品とは異なり，レゲエやヒップホップといったサブカルチャー的要素を含む若者向けの商品を取り扱う店舗が自然発生的に集積している。旧居留地にみられるカフェやレストランのような洒落た店舗はほとんどなく，独自的な様相をみせている。店員の接客活動は百貨店や高級有名ブランド店でみられる非常に丁寧な対応ではない。しかし，限定的な商品を好む者同士が楽しく会話するという雰囲気の中での接客活動がなされ，消費者を吸引する。アメリカ村では消費者を顧客に育てる活動も当然に行われてはいるが，先述したほどの長期的なものではない。商品の属性に起因して，年齢層がかなり限定されるからである。

　以上，2つの事例を紹介してきたが，大丸神戸店にみられる商業集積の力強い管理活動と大阪心斎橋アメリカ村にみられる商業者の思いが集約されて，あたかも管理者が存在するかのように，互いに管理し合う特殊的な商業集積は今後の重要な指針となる。共通点として，商業集積の中身は旧居留地とアメリカ村では大きく異なる。しかし，両者とも経済的な側面を中核としつつも，社会学的な集積へと拡充している。特に，より限定的な属性の商品を集中させることで，遠方からの消費者を力強く集客するという基本的機能の充実がみられる。もう少し具体的に表現するならば，同質な商品の集まりの中から気に入った商品を購買する**比較購買機能**の充実が重要となる。誤解のないよう繰り返すが，大量生産された商品にみられるような価格に関する比較購買ではなく，同質な商品ではあっても，それぞれの独自性の強い商品間の比較購買がなされている。また，ある商品に関連した他の商品も購入する関連購買も積極的におこなわれている。その商業集積にある商品が独自性をもつため，必然的に，**関連購買**もそこで行われなくてはならない。

　そのような独自性・特徴ある商業集積はそれを好む消費者を強く遠方より呼

び込む。限定的なニーズをもった消費者の集まりは独特な雰囲気を形成する。消費者の滞在時間を長くするための施設も充実し，それらが総体として，単なる商業集積ではなく，もっと広く社会学的な意味での集積を形成する[12]。価値観の多様性，人間関係の希薄化は人間の集まり（集積）の形成を困難にした。しかし，事例にある「まち（商業集積）」にはそこを好む消費者に特殊的な場を提供している。

注
1) 前者と後者を区別しない場合もある。それ自体何も問題ではない。本章において，明確に区別しようとする意図は激化した今日的市場において，商業集積を形成しようとしたり，または，現在の商業集積を発展させようとする主体に対して，その方向性を示すためである。また，商業集積も商業の存立根拠を基礎とするものであり，市場環境の変化に柔軟に適応する能力が必要であることを確認してもらいたいからである。
2) 田中 道雄『商店街経営の研究―潮流・変革・展望―』中央経済社，1995年，69～84ページ。
3) 石原 武政「売買集中の原理と商業集積」『経営研究』第50巻 第1・2号，1999年7月。
4) 石原 武政「商業集積における管理と競争」『経営研究』第50巻 第3号，1999年11月。
5) 石原 武政，前掲論文，1999年7月，3～4ページ。
6) 同上論文，4～8ページ。化粧品の事例は筆者による加筆である。
7) 石原 武政，前掲論文，1999年11月，2～3ページ。
8) 同上論文，3～6ページ。
9) 同上論文，14～18ページ。
10) 今光 俊介「価格戦略―新しい高価格戦略―」伊部 泰弘・今光 俊介・松井 温文編著『現代のマーケティングと商業』五絃舎，2012年，62ページ。
11) 最も本質的な部分は社会的な売買の集中という原理に集約される。以下の文献を参照されたい。西島 博樹「商業の基礎理論」岩永 忠康監修，西島 博樹・片山 富弘・岩永 忠康編『現代流通の基礎』五絃舎，2011年。
12) 筆者は社会学的な「まちづくり」は結果としての産物であり，商業集積は商業者の集まりであることから，個別の経済活動が全体として，消費者にとっての魅力を創造することが本質的に求められるものと考える。

松井 温文

第4章　小売業態論

第1節　小売業態への理解

　小売業態，すなわち小売業の営業形態（Type of Operation）と私たち最終消費者の生活を関連させてみると，私たちはスーパーマーケットやコンビニエンス・ストア，ホームセンターなどを選択し，日々の生活に必要な食料品や日用品を購入する。他方で百貨店や高級専門店で，比較的に高価な衣料品やバックなどを購入したりする。このように，私たち最終消費者に対して，小売業は商品を供給する商業機関であり，小売業においては，さまざまな小売業態が存在し，消費者の愛顧を求めて競争していることが理解できる。

　歴史的にみると，小売業態は新たに生成し，発展し，そして衰退していく。例えばアメリカ合衆国では19世紀後半から都市部に百貨店が発展し，他方で農村部には通信販売が発達した。続いて1920年代に入るとチェーン・ストアが急速に発展していった[1]。このように小売業態の歴史をみると，新たな業態が現れて，多様な変化を示している。仮に小売業態の生成，発展，衰退に関して記述し，説明し，予測できる理論を開発できるようになれば，小売業のダイナミクスに関する科学的解明の進展やビジネスへの示唆にも有益であろう。

　さて本章では，小売業態の生成と発展に関する代表的な理論仮説を取り上げ，主に循環説，環境説そして衝突説の枠組みから考えていく[2]。

第2節　循環説

　循環説は，小売業態の変化は周期的に生じるという考え方である。循環説は

以下の前提条件を有している[3]。それは変化の周期性がいくつかの現象で明らかであり，その変化の周期的な性質を測定できるならば，①変化の基礎となる諸要因は確認されるだろう，そして，②その循環に関する将来の方向は予測されるというものである。

ここでは循環説に位置づけられる，「小売の輪の理論」と「アコーディオン理論」を取り上げていく。

1．小売の輪の理論

小売業態の発展に関する理論としては，マクネアによる「小売の輪の理論」が代表的である[4]。マクネアは，アメリカ合衆国の経営環境の変化，すなわち自家用自動車の普及，人口の郊外移動，小売分野への技術導入などを指摘して，小売の輪の理論を提唱した。マクネアによれば，大胆で新しい事業コンセプトを抱いた企業家によって革新が遂行されることで，小売の輪はスタートする。企業家は低コスト構造を実現させる革新によって営業費の低減を可能にし，それを基盤に低価格訴求で市場参入する。当初，銀行家，投資家から企業家は警戒されるけれども，低価格訴求で大衆を魅了していく。やがて商品の品質，店舗の外観等を改善して**格上げ**を行う。そして成長段階に入り，古いビジネスのやり方に固執する既存の小売営業形態から取引を収奪する。さらに格上げは進み，資本投資や営業費は増大する。成熟段階に入ると精巧な店舗設備や販売促進に力を入れて，同形態の競争業者と非価格競争を展開する。この時期では革新的であった小売業者の保守化の進行，投下資本利益率の低下により，高コスト体質となった小売業態は競争力を低下させる。そして，新たな企業家による革新的業態が低コストを基盤とした低価格参入によって，新たな輪は回り始める（図4-1）。

つまり，「小売の輪の理論」は①から③までの循環プロセスで構成される。

①新しい小売業態は低価格訴求によって新規参入し，顧客から支持を得る。

②この新たな小売業態が普及していくと，同形態間競争の中で，品質，設備そしてサービス水準などを上昇させ，差別化を図っていく。

図4-1 小売の輪の理論

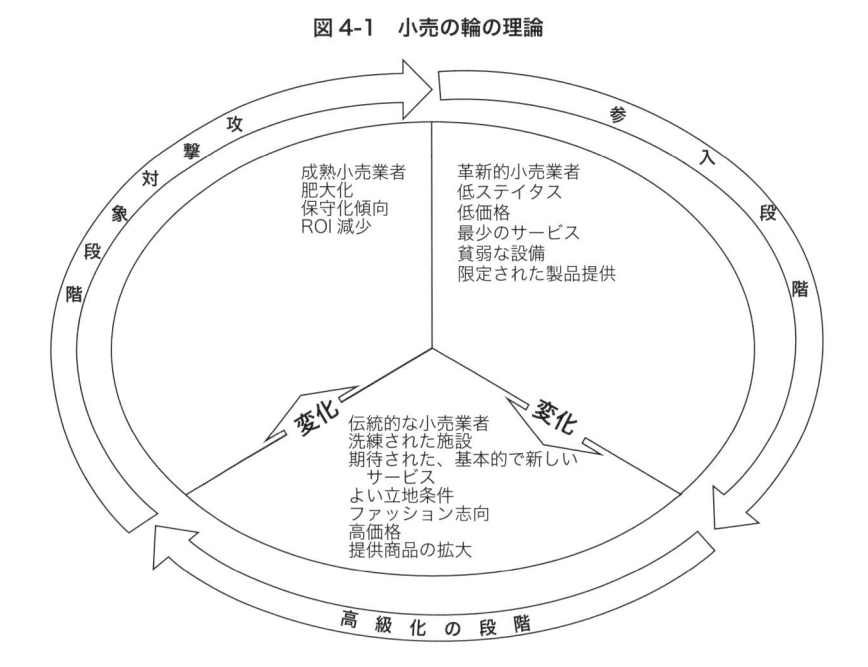

（図：円環状の図。上部に「参入段階」、左上に「攻撃対象段階」、下部に「高級化の段階」、そして「変化」の矢印が配置されている。

- 革新的小売業者／低ステイタス／低価格／最少のサービス／貧弱な設備／限定された製品提供
- 成熟小売業者／肥大化／保守化傾向／ROI減少
- 伝統的な小売業者／洗練された施設／期待された、基本的で新しいサービス／よい立地条件／ファッション志向／高価格／提供商品の拡大）

出所：J.B.Mason, M.L.Mayer and H.F.Ezell, *Retailing*, Business Publications, Inc., 1998, p.31.

③高コスト体質となった当該業態は，新たに低価格訴求で現れた別の新業態に対して価格競争力をもっていないため，劣位となる。

「小売の輪の理論」は，小売業態論研究のスタートとして位置づけられ，著名な理論仮説である。しかし，ホランダーは小売の輪のパターンにおける普遍性に対する反証例を以下に指摘している[5]。

①発展途上国でのスーパーマーケットは高所得者層を標的にしている。
②自動販売機は高コスト、高マージン，高度の便宜性からスタートしている。
③郊外地域に立地された百貨店の支店及び計画的ショッピング・センターは小売の輪のパターンに当てはまらない。

これらは，新しい小売業態の低価格による市場参入によってはじまるという仮説に対する反証である。

2. 小売アコーディオン理論

「小売アコーディオン理論」は，ホランダーによって提唱された理論仮説である[6]。この考え方は完全サイクル説とも呼ばれ，小売業の発展を取り扱う商品ラインの広さと狭さという振幅から，周期性を持った交替パターンとして捉えている。

すなわち，幅広い商品ラインをもつ，よろず屋は，専門的な商品ラインをもつ専門店にとって変わり，また幅広い商品ラインをもつ百貨店が登場し，専門的なブティックが現れる。こうして幅広い商品ラインの小売業者と専門的な小売業者が補完し合うことで，消費者に買物の便宜性を提供する計画型ショッピング・センターが登場すると説くのである。

つまり，楽器のアコーディオンの蛇腹の振幅のように，時代の変遷によって商品ラインが狭まったり，広まったりする業態が現れることを示唆している。

この理論仮説は品揃えに関する妥当な統計的データが存在しないため，パターンの普遍性，その存在は確認されていない。しかし，小売業の一般的な趨勢を理解するには重要な理論仮説であるといえよう。

第3節　衝突説

衝突説に位置付けられる仮説は，「弁証法的アプローチ」と「危機－変化モデル」である。ここでの理論仮説は，新たな小売営業形態の生成・発展は競争によって生み出されるものとして位置づけられる。

1. 弁証法的アプローチ

ジストは，既存の小売業態が革新的小売業態との競争を通じて対抗することを「小売の輪の理論」は説明していない点を指摘している。そしてジストは既存の小売業態を「正（Thesis）」，革新的業態を「反（Antithesis）」とし，これらが競争を通じて混合されて，さらに新しい小売業態，すなわち「合（Synthesis）」が生み出されるという「弁証法的アプローチ」によって，小売革新が引き起こ

されるプロセスを説明している[7]。

しかし，弁証法的なプロセスはここで止まらない。「合」として生成した革新的小売営業形態はまた「正」となり，新たな革新的業態の「反」と競争して「合」を生み出すという連続的プロセスをたどることになる（図4-2）。具体例としては，都市の中心商業地区で成熟した百貨店が「正」であるのに対して，中心商業地区の外側で低価格を武器に参入したディスカウント・ストアは「反」である。そして，百貨店とディスカウント・ストアの中間的な性質をもつ，ディスカウント・デパートメント・ストアが「合」として出現するのである。すなわち，小売業の新たな革新は，新旧両方の小売業態間による対立の産物であると考えられるのである。

図4-2 弁証法的アプローチ

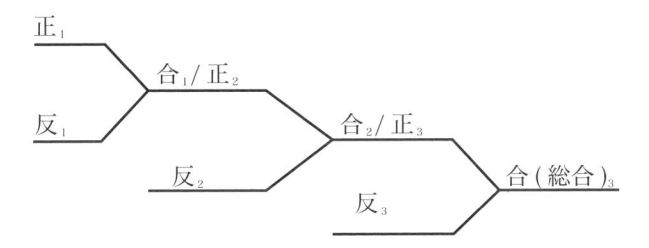

正$_1$
反$_1$
合$_1$/正$_2$
反$_2$
合$_2$/正$_3$
反$_3$
合(総合)$_3$

出所：Ronald Gist, *Retailing: Concepts and Decisions*, John Wiley and Sons, Inc., 1968, p.107.

2. 危機－変化モデル

スターンとエル・アンサリーは，既存の組織システムが危機的な状況に直面した場合に，適応していくための4つの段階を経るという，小売業態の変化を予測する理論仮説，「危機―変化モデル」を提示している（図4-3）[8]。

まず第1段階はショック段階と呼ばれ，新たな業態の出現によって，既存の小売業者は動揺し，脅威を知覚する。また日々のオペレーションは不適切になる。スターンとエル・アンサリーはグロサリー・チェーンの出現に対する独立グロサリー・ストアの関係を挙げている。

続く第2段階は防衛的逃避段階である。この段階は危機を解決するのではな

く，対決を延期するような手段を用いる。例えば，小売業者が政治的な働きかけを行うことで，競争制限的な法的規制の制定を働きかける。しかし，このような防衛的行為は長期的な組織の目標と合致しないため，真に有効ではない。

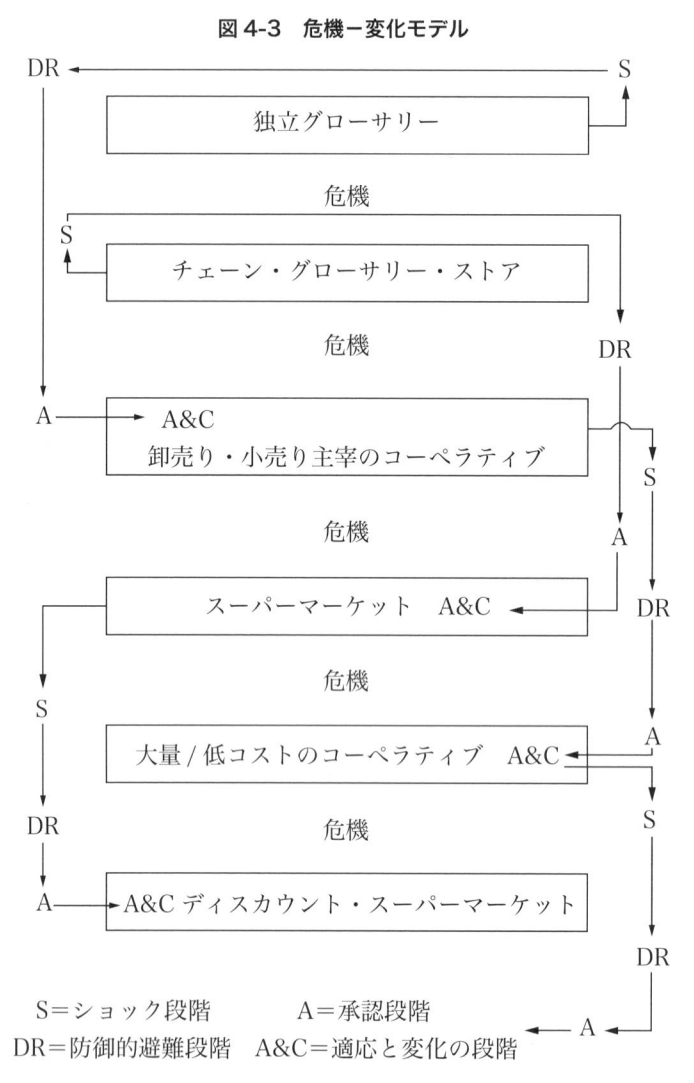

図 4-3　危機－変化モデル

```
DR ←──────────────────────────────── S
 │         ┌──────────────────────┐  ↑
 │         │   独立グローサリー    │──┘
 │         └──────────────────────┘
 │               危機
 │    S    ┌──────────────────────┐
 │    ↓    │ チェーン・グローサリー・ストア │
 │    └───→└──────────────────────┘
 │               危機                      DR
 │         ┌──────────────────────────┐   │
 │    A    │         A&C              │   │
 │    └───→│ 卸売り・小売り主宰のコーペラティブ │   │
 │         └──────────────────────────┘   ↓
 │               危機                      S
 │         ┌──────────────────────┐       │
 │         │ スーパーマーケット  A&C │←─── A
 │    ↓    └──────────────────────┘      DR
 │    S          危機
 │         ┌──────────────────────────┐
 │         │ 大量/低コストのコーペラティブ A&C │←── A
 │         └──────────────────────────┘
 │   DR          危機                      S
 │         ┌──────────────────────────────┐
 │    A    │ A&C ディスカウント・スーパーマーケット │
 │    └───→└──────────────────────────────┘
 │                                        DR
 └──────────────────────────────── A ←────┘
```

　　　　S＝ショック段階　　　A＝承認段階
　　　DR＝防御的避難段階　A&C＝適応と変化の段階

出所：L.W. Stern and A. El-Ansary, *Marketing Channels,* Prentice-Hall Inc., 1977, p.249.

そして第3段階は承認段階である。この段階では自己分析が行われ，各メンバー間のコミュニケーションが促進される。既存のシステムは自らの行動様式の妥当性に疑問を持ち，革新の必要性を感じ，いくつかの代替案を注意深く実験し始める。ここでは，既存の構造を諸機能に適合させるよりむしろ，遂行すべき機能を促進すべき構造を用いる方法が模索される。チェーン・ストアの脅威に対して，ボランタリーチェーンや小売業者主催のコーペラティブ・チェーンの結成が行われる。

最後の第4段階は適応・変化の段階である。この段階では，サブ・システムが相互依存的に機能し，全体システムを補完し，成長する。すなわち，数量購買などのメリットを生かしたコーペラティブ・チェーンは繁栄する。この段階で一連のサイクルが完了するが，しかし，この段階は新たなサイクルを引き起こす。なぜならば，成功した業態が危機に瀕した組織システムに対してショックを与えるからである。そして第4段階の変化は，費用対効果が有用である限り，作用と反作用の連鎖として展開する。

この理論仮説は既存の小売業者が新しい業態から攻撃を受けることによって，革新が引き起こされることを連続性の中で描いている。「危機－変化モデル」は，店舗としての業態の変化だけでなく，競争によるチャネル構造の変化をその射程に入れている点に特徴があるといえる。

3. 衝突説のまとめ

衝突説の性格についてまとめてみよう。ここまでの検討した衝突説は，小売の輪の理論が既存の小売業態の対抗的な反応を述べていないという問題点を補っているところにある。つまり，衝突説は，新小売業態による脅威に対して既存の小売業態の対抗行動を説明しようとする。また，攻撃する革新的業態自体も調整し，変化することを含んでいる。衝突説は新旧の小売業態間の競争プロセスを推進要因として捉えている。しかしながら，競争以外の他の外部的な環境諸要因が含まれていない点が指摘できる[9]。そこで環境説に着目して議論を進めよう。

第4節　環境説

　小売営業形態の発展に対する環境説は，市場に関する経済的，地理的，社会的，文化的そして技術的な諸条件が小売業の構造に反映されるものである。例えば，人口が郊外地域に移動し，自動車による消費者の買物慣習を背景にして，計画的ショッピング・センターは発展してきた。ここではドリースマンの「適応行動理論」を取り上げて検討する。

1.　適応行動理論

　ドリースマンは，小売業態と生物の種の間との類似性を指摘して，ダーウィンの進化論のアナロジーを小売業者の変化，発展に適用している[10]。ドリースマンは生物における「突然変異」を革新として捉えている。小売業者は，社会の特定構造，経済成長の段階，消費者の生活水準に適応しなければならないことを主張している。とりわけ突然変異として現れた新しい小売業態に対しても，既存の小売業者は革新を模倣することで適応する。すなわち小売業態を取り巻く技術，法律，競争などの環境の変化に適応するものが生き残るのである。またドリースマンは，「収斂」，「異常発達」，「退化」および「同化」といった生物学的アナロジーを用いて小売営業形態の変化を説明している。

　まず「収斂」とは，ドラッグ・ストア，スーパーレット（小型のスーパーマーケット）やバラエティ・ストアなどの多様な小売業態がセルフ・サービス方式という同一の小売技術を採用することを意味する。次に「異常発達」とは，競争が一時的に緩和し，緩やかな状態になると，病的な成長を意味する。「退化」とは，後戻りの進化を意味し，スーパーマーケットの規模的発展によって，小規模のスーパーレットは手薄になった小規模な市場を対象にして生存する。そして「同化」とは，新しい小売業態の躍進によって，既存の小売業態がその新方式を模倣するというものである。

　ドリースマンは，環境の変化を重視し，変化への適応の重要性を説くもので

あり，小売業態の変化の多様性を示したものといえる。

第5節　多極化原理

　ブラウンは循環説を中心にして，主要な研究成果の諸概念を統合しながら，「多極化原理」を提唱している（図4-4）[11]。ブラウンは販売政策（低価格志向⇔サービス志向），品揃え（広い⇔狭い），そして規模（大規模⇔小規模）の3次元に着目し，各々の次元の軸で二極分化が生じるとしている。例えば百貨店については，販売政策はサービス志向で，幅広い在庫（品揃え）を有し，店舗規模も大きい位置にある。他方でハイパーマーケットは，店舗規模が大きく，品揃えも広いものの，販売政策の軸で低価格であり，百貨店とは販売政策の軸で対極的に位置づけられる。

　しかし，こうした小売業態の構図は静態的なものではなく，これらの軸で釣

図4-4　多極化原理

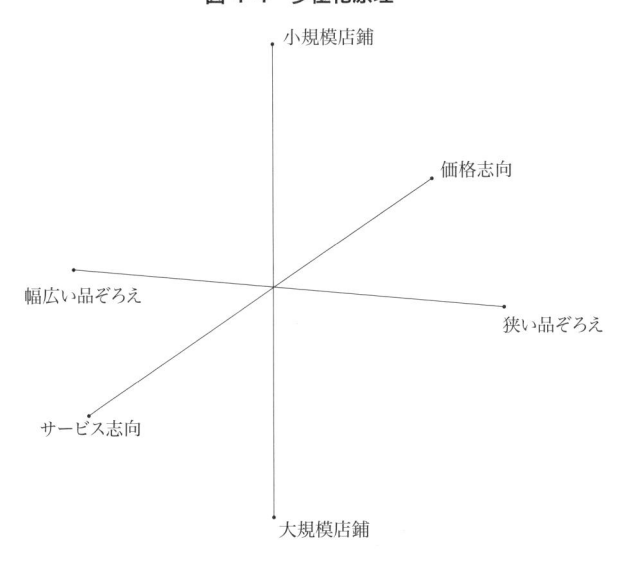

（図：3次元の軸図　小規模店舗／大規模店舗，価格志向／サービス志向，幅広い品ぞろえ／狭い品ぞろえ）

出所：Stephen Brown, "An Integrated Approach to Retail Change: The Multi-Polarisation Model," *The Service Industries Journal,* Vol.7, No.2, 1987, p.159.

り合いをとろうとする小売業者の行動が開始されることで変化していく。例えば，ある業態による品ぞろえを多様化する動向に対応して，他方で別の業態で品揃えが専門化する傾向が進んでいく。また，ある業態で高水準のサービス提供が進むことで，他方で無駄のない低価格志向の小売業態が進んでいく。業態が各軸を移動することで新たな業態が出現する機会が見出されることになる。こうして小売業態はダイナミックな変化をしていく。

ただし，軸を移動するという変化を生じさせるためのメカニズムについては多極化原理では十分に説明されていない。また軸の尺度の測定については主観的であり，定性的な概念にとどまっているといえる。

第6節 小売企業家と環境の相互作用

これまで循環説，衝突説そして環境説を検討してきた。各々の理論仮説はアプローチの方法がユニークであり，そこから小売業態の生成・発展の状況を見通すことは意義があるといえる。しかし他方で，これらの小売業態の生成・発展に関する理論仮説は必ずしも十分な説明力を有する状況に至っていない。

さて小売業の業態の生成や発展は，小売業の革新を遂行する**企業家**と**外部環境要因**に大別することができるだろう[12]。つまり，新たなビジネス機会を機敏に捉えて，新しい小売ビジネスのコンセプトを構想し，小売業の革新を進展させる経営技術を導入することで新たな小売業態を開発し，競争優位を追求する企業家の側面がある。他方で，競争相手，消費者のライフスタイルや法律的側面，交通状況などの外部環境要因がある。企業家と外部環境要因という2つの要因が時間軸を通じて継続的に相互作用することによって，小売業の業態の進展は多様になっていくのである。

注
1) 徳永 豊『アメリカ流通業の歴史に学ぶ』中央経済社，1990年，7～56ページ。
2) Stephen Brown, "Institutional Change in Retailing: A Review and Synthesis," *European Journal of Marketing*, Vol.21 No.6, 1987, pp.5～

36.
3) R.Gist, *Marketing and Society*, The Dryden Press, 1974, pp.352～364.
4) M. P. McNair, "Significant Trends and Developments in the Postwar Period," in *Competitive Distribution in a Free, High-Level Economy and its Implications for the University*, A. B. Smith(Ed.), University of Pittsburgh, 1958, pp. 1～18.
5) S.C.Hollander, "The Wheel of Retailing," *Journal of Marketing*, Vol.24, 1960, pp.37～42.
6) S.C.Hollander, "Notes on the Retail Accordion," *Journal of Retailing*, Vol.42, Summer, 1966, pp.29~40.
7) R.Gist, *Retailing : Concepts and Decisions*, John Wiley and Sons, Inc., 1968, pp.106～109.
8) L.W. Stern and A. El-Ansary, *Marketing Channels*, Prentice-Hall.Inc., 1977, pp.246～248.
9) 小川 進「小売商業形態変化研究の現状と課題」『経営・会計学・商学　研究年報』神戸大学経営学部，ⅩⅩⅩⅨ，1993年，219～244ページ。
10) A. C. R. Dreesman, "Patterns of Evolution in Retailing," *Journal of Retailing*, Vol.44, No.1, 1968, pp.64～81.
11) Stephen Brown, "An Integrated Approach to Retail Change : The Multi-Polarisation Model," *The Service Industries Journal*, Vol.7, No.2, 1987, pp.153～164.
12) 田村 正紀『流通原理』千倉書房，2001年，230～232ページ。

菊池 一夫

第5章　小売業とブランド

第1節　ブランド概念の意義

1. 製品とブランド

　ブランド（brand）という言葉の起源にはいくつかの説がある。例えばburned（牛に焼き印を押す）に由来するというのがその1つである。牛の所有をめぐり，焼き印が自分の牛と他人のそれを区別する手段になっていたのである。AMA（アメリカ・マーケティング協会）によれば，ブランドとは「ある売り手の財やサービスを，他の売り手のそれと異なるものと識別するための名前，用語，デザイン，シンボル及びその他の特徴」である。

　マーケティング・ミックスを中核概念と位置づけるマーケティング論の伝統的な学問体系において，ブランドは製品政策（Product）における一項目として扱われてきたにすぎなかった[1]。具体的には製品の好ましいネーミングや，ロゴタイプ，シンボルマークの策定，そしてパッケージング，と限られたテーマをブランド問題として扱ってきたのである。そこでのブランドはネームやマークといったいわば聴覚的あるいは視覚的な情報であり，製品に付与され，ライバル製品と自社製品を区別する手段として長く認識されてきた。

　しかし今日ブランドには単なる識別機能をこえた役割が求められている。石井は，ブランドを製品の名前であると同時に「メッセージ化したネーム」とも規定している[2]。ブランドにはブランド戦略策定者の思い描いた独自の**意味世界**がある。ブランドは製品に付与され，メッセージをともなって企業から顧客に発信されるのである。

　ここにきて，製品とブランドの関係は大きく変化する。従来ブランドは製品

政策の成果を高める手段であり，その一要素として製品に付与される存在であった。日常会話において「ブランドは付加価値である」とよく耳にする。これは製品があくまで主であり，それに付随するブランドが従となる，という両者のこうした主従関係を示すものである。しかしブランドがある種のメッセージであるというとき，そこには当該ブランドが実現すべき意味世界すなわち理想の事前像がある。

事前像の実現にあたり，当該ブランドの求めに応じて製品仕様の策定まで含めた製品政策のあり方は規定される。ブランドは製品以上のものであり，製品とブランドでは管理の範囲も大きく異なってくる（図5-1）。

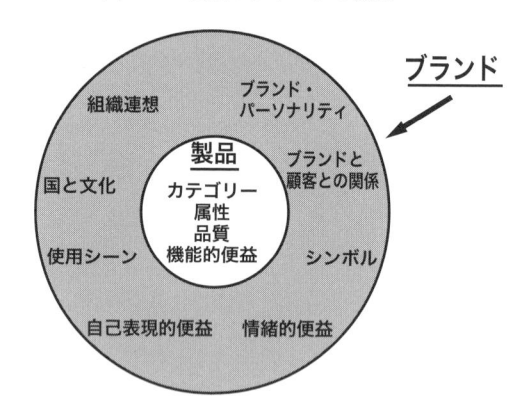

図5-1　製品とブランドの関係

出所：Aaker, D. A., *Building Strong Brands*, Free Press, 1996（陶山 計介・梅本 春夫・小林 哲・石垣 智徳訳『ブランド優位の戦略』ダイヤモンド社，1997年），邦訳93ページを修正。

2. ブランド構築のマーケティング

製品政策だけではなく，価格政策（Price）や，販路や売場のデザインといった流通政策（Place）においても，事前像として掲げられたブランドの意味世界を創造すべく，マーケティング担当者は舵を切ることになる。なかでも，かかるブランドをメッセージとして顧客に伝え，彼らと共有するためのプロモーション政策（Promotion）には，4Pの策定において重要な位置づけが与えられ

るだろう[3]。

　こうしてブランドは，製品政策の成果を高める一手段としての地位から，マーケティングの目的として4Pを総動員して構築すべき理想の事前像へと位置づけを変えることとなる。他方，製品はブランドの意味世界を構成する一要素となる。製品とブランドにおける**主従関係の逆転**である。

　製品とブランドにおける主従関係の変化は，製造業をマーケティング主体とする製品本位のプロダクト・マーケティングから，ブランド構築を目的とするブランド・マーケティングへの変化とみなすことができる。この点でブランド・マーケティングの本質は，事前像としてのブランドを構築し，ブランドのコミュニケーションを通じて企業と顧客がブランドを共有することにあるといって過言でない。

3. マーケティング主体の概念拡張

　元来マーケティングといえば製造業者の対市場活動であり，理論，実務の両面において久しくそう捉えられていた。しかし顧客第一主義にみられるマーケティング思想，そして，4Pに代表されるマーケティングの技術は有用にして，製造業に限らず，プロダクト・マーケティングの枠組みはさまざまな業種，分野に援用されることとなる。そのなかでマーケティング主体に関する認識も徐々に拡大することとなった。

　非営利組織を主体とするソーシャル・マーケティング，サービス業を主体とするサービス・マーケティング，地方自治体を主体とする地域マーケティング，さらには製造業とりわけ産業財メーカーを主体とするB to Bマーケティングといった，マーケティング主体の各分野への概念拡張が試みられたのである。

　これらと並んで，小売業を主体とするマーケティングの分野がある。**小売マーケティング**がそれである。マーケティング主体に応じて客体となる「製品」のタイプは異なるものの，各々に構築すべき製品像すなわちブランドがみえてくる。

第2節 PBへの注目

1. NBとPB

　それでは小売業にとってブランドとは何か。私たちの消費生活にとって身近なのはプライベート・ブランド（PB）であろう。PBはしばしばNBと対比して用いられる。**NB**とはナショナル・ブランドであり，いわゆる製造業者のブランドである。ここでナショナルとは彼らの製造する製品が「全国規模で販売されている」ことを意味する。これに対して**PB**は，流通業者による自主企画のブランドであり，卸売業者あるいは小売業者が製品のコンセプトや仕様を決定する。ここでプライベートとは，「当該の小売業者やグループの企業でのみ販売されている」ことを意味する。

　PBは複数の次元にわたり，NBとは差別化されている。第1に，流通政策での差別性をあげることができる。NBは同一商品を取り扱う店舗間で価格競争を引き起こすことになる。しかしPBは当該小売業者の独自商品となるため品揃えにおいてライバル店との差別化に寄与する。

　第2に，製品政策における差別性がある。小売業者は製造業者に比べて最終消費者により近接している。POS情報によって日常的に売れ筋を把握できるだけでなく，消費者の声を肌で直接感じとることができる。それらが顧客ニーズをより適切に反映したPB商品の開発に生かされるのである。

　第3に，価格政策に関する差別性がある。わが国において，これまで同一カテゴリー間では一般にPBはNBより低価格であった。にもかかわらず，PBはより高い利益率を確保しているといわれている。根拠としてコスト優位性があげられる。具体的には次の2点である。

　まずPB商品の製造費用の低さを指摘することができる。小売業者は語義的にも明らかなように，小売を生業とし，一般的には製造を行わない。PB商品の生産は製造業者に委託され，多くの場合，工場等の生産設備が遊休する期間に実施される。製造業者にとって工場稼働率を高めることは，自社ブランド向

け製品も含めて単位あたりの生産コストを引き下げる利点がある。そのことが動機となり，たとえ低価格の受注であっても，製造業者は積極的に PB 商品の生産を請け負うことになる。

次に広告・宣伝等のマーケティング費用の低さがあげられる。PB は小売業者のブランドとして自社店舗内に確実に配架，陳列することができ，さらには顧客の目に触れやすい好ましい棚割りを与えられる。他方，NB が同様の取り扱いを受ける場合，それが売れ筋であることが条件となろう。一定の知名度や理解を獲得し，購買意欲を喚起して，当該ブランドを売れ筋に育成するために，マス広告を展開するなど NB には相当のマーケティング費用を必要とする。

2. PB への注目の背景

1990 年代初頭のバブル崩壊をきっかけとしてわが国の景気は大きく変動し，経済はデフレ基調にて推移している。消費意欲が減退し，低迷を脱するきっかけすら十分見いだせぬまま「失われた 10 年」は 20 年へと更新されることとなる。そうしたなか PB は食品や日用品を中心に消費者の低価格志向に応えつつ，その存在感を増してきたということができる。さらにさかのぼれば，1973 年と 1979 年の 2 度のオイルショックにも積極的な PB 開発が行われている。これらはいずれも景気後退期であった[4]。

この間，**流通をめぐる主導権争い**が繰り広げられてきた。さまざまな業界で大手メーカー主導の流通政策が徐々に行き詰まる一方，総合スーパーやコンビニ，さらにはドラッグストアといった業態で大手小売業が台頭してきた。店舗の大型化，チェーン化を進め，その購買力を武器に製造業者に対する交渉力を高めてきたのである。全量買取が原則となる PB の取引においても，その意味あいは大きい。

小売業者は，NB の取引における利幅確保をめぐって製造業者と利害を交錯させると同時に，NB の販売価格をめぐる小売業者間の水平的な競争にもさらされている。消費者の低価格志向もあいまって，価格競争は一層激化する。そうし

たなか，一定の利幅を確保しつつ低価格を実現するPBが注目されたのである。

第3節　小売ブランドの発展

　小売業者のブランドには発展段階がある（表5-1）。第1世代はブランド名を付さない**ジェネリック型**すなわちノーブランドである。当該製品カテゴリーが備えるべき基本的な便益のみ提供するタイプである。メーカーブランドすなわちNBと比べると品質は劣るものの，包装をなくしたり簡素にしたりするなどして価格はトップブランドより20％以上安い。小売業者はNBが十分応えることのできない低価格帯商品の選択肢を提示したのである。

　PBと呼ばれるのは第2世代からである。この世代においても低価格であることは消費者の購買動機として依然重要である。しかし「安かろう，悪かろう」ではない。NBにはまだ及ばないものの品質にもある程度配慮し，より価値のある商品を目指した**価格訴求型**のブランドが第2世代となる。

　第3世代は，製造業者とそん色のない技術を採用し，NBに匹敵する品質レベルとイメージ構築を目指しつつも，お値打ち感のある価格を設定する**模倣型**のブランドである。第1～3世代を通じて，小売業者が品質面でNBを標榜し，価格面での優位性を保ちながらこれに追随するプロセスであるということができる。

　ところが第4世代以降は，それまでの追随のプロセスとは様相が異なってくる。それはいわば凌駕のプロセスである。第4世代において，品質はNBと同等か，場合によっては，これを上回ることがあるという。価格においてもNBと同様か，あるいは，より高い設定となる。かといってそのことは，PBのメリットであった利幅の大きさを度外視するものではない。何らかの付加価値を追求しつつ，NBとの差別化を目指す**価値訴求型**のブランドである。

　わが国において2007年の原材料価格の高騰と，その翌年のリーマンショックは景気を一層後退させた。折しも2007年にはセブン＆アイの「セブンプレミアム」が発売され，イオンの「トップバリュ」と並んで2008年のヒット商品となり，その後も今日まで品目数をそれぞれ増加させている[5]。

トップバリュは基本ラインに加え，高品質，低価格，環境，健康，といった特定の志向にそって各々にブランドが設定されている。セブンプレミアムも同様に「セブンライフスタイル」「セブンゴールド」等の製品ラインを追加して

表 5-1　小売ブランドの発展段階

	第1世代	第2世代	第3世代	第4世代	第5世代
ブランド形態	ジェネリック；ブランドなし	独自レーベル；自社ブランドとしてのサポートなし	自社ブランドとしてのサポートあり	拡張された小売ブランド 例：特定セグメント向け小売ブランド	企業ブランド
戦略	ジェネリック型；ブランドなし	低価格コピー型	主要ブランドの模倣型	付加価値型	企業ポジショニング型
目的	マージンの増加，価格設定の選択肢	マージンの増加；参入価格を設定することによってメーカーの力を弱める。より良い価値（品質／価格）の商品の提供	カテゴリーマージンの強化；品揃えの拡大 例：カスタマーチョイス；消費者に小売業者のイメージを確立	顧客ベースの拡大と維持；カテゴリーマージンの強化；いっそうのイメージ向上，差別化	強力でポジティブなアイデンティティと業務を確立，消費者にとって第1選択肢となる。ステークホルダーを満足させる
商品	基本的で機能的商品，コモディティー商品	定番もしくは基本的な商品ラインを大量に	大きいカテゴリーの商品；主要販売アイテム	イメージ形成商品グループ；量をおさえた幅広い商品(ニッチ)	企業そのものと，その有形無形要素
品質／イメージ	メーカーブランドと比べると低い品質と劣るイメージ	中程度の品質だが，主要メーカーブランドと比べると低く，二番手ブランドと知覚される	ブランドリーダーと比較可能	ブランドリーダーと同程度もしくはそれ以上で，ブランドリーダーより革新的で差別化された商品	組織全体を通じた品質と一貫性
価格ポジション	トップブランドより20%以上安い	10〜20%安い	5〜10%安い	知名度のあるブランドと同じもしくは高い	価値の提供に焦点
消費者の購買動機	価格が購買の主要ポイント	価格がいまだ重要	品質と価格の両方（例：お買い得価格）	上質で特徴ある商品	信頼

出所：Sternquist, B., *International Retaining*(2nd edition), Fairchild Books, 2007（若林 靖永・崔 容熏他訳『変わる世界の小売業』新評論，2009 年），邦訳208ページより抜粋。

いる。これらは付加価値追求の一例である。この点で両PBは第4世代を目指すブランドであるといえよう。

第4節　小売業者というブランド

1. ブランド階層論

スターンクィストが示した小売ブランドの発展段階において、第5世代は**企業ポジショニング型**であり、企業ブランドが焦点となる。ブランドの階層論によれば、企業ブランドは事業ブランド、製品ラインブランド、製品ブランド、さらには属性ブランドとともに階層を形成し、その最上部に位置する[6]。なかでも、わが国では、トヨタ・プリウス、サントリー・ボスといった具合に、企業ブランドと製品ブランドの**2階建構造**が多くみられる。

一般的に、企業ブランドは製品ブランドを括る「傘」となる。そして傘の下に位置づけられる個々の製品ブランドに保証を与えるエンドーサー機能を通じて、消費者の信頼を醸成する。他方、製品ブランドは個別の意味世界を表出し、消費者の購買意思決定を促進するドライバー機能を担う。こうして両者は役割分担をもち、一体となって顧客に訴求される。

あえてこの役割分担を小売業の文脈に当てはめるならば、両者の関係は等しくストア・ブランド（SB）とPBの関係になろう。具体例をあげれば、それはイオンとトップバリュの関係である。しかしPBの品目数が増加するにつれ、PBが企業ブランドに準じてエンドーサーの機能を担うようになる場合がある。トップバリュやセブンプレミアムがこのケースに当てはまる。また無印良品のように、SBとPBが顧客から同一視されている場合もある[7]。

この点ではSBとPBが必ずしも明確に区分されているとはいえない。しかしながら、仮に両者がともにエンドーサー機能を果たし、また、同一にみなされる場合も、商品を企画、管理する主体と、企画、管理される客体という主客の関係に基づいて、SBとPBは概念的に区別することができる（表5-2）。

表 5-2　小売業におけるブランド階層の概念

階層区分	個別店舗レベル	集積レベル
企業 （管理の主体）	小売事業者ブランド あるいは ストア・ブランド	小売事業者ブランド
製品 （管理の客体）	ナショナル・ブランド プライベート・ブランド	ストア・ブランド ナショナル・ブランド プライベート・ブランド

出所：筆者作成

2. 企業ブランドの視点

　小売ブランドの発展段階における第5世代の特徴は，ブランドのもつ意味世界を管理主体すなわち小売事業者の観点から再構成するところにある。製造業のマーケティング・ミックスの考え方を小売マーケティング・ミックスに援用する場合，個別店舗のレベルでは，製品（Product）に該当するPBだけでなくNBも含めた品揃え形成が検討される。

　そのさい当該店舗の経営理念にかない，顧客へのメッセージとして意味的に整合するブランドを取り揃えることになる。また，製品を演出するディスプレイや店舗レイアウト，BGMといった店舗の雰囲気づくり，さらには価格設定や接客，種々の店舗サービスのあり方も，企業ブランドに相当するストア・ブランド（あるいは小売事業者ブランド）の視点から策定される。

　他方，個別店舗が集積するレベル，すなわち，百貨店やショッピングセンターのように個別の店舗（テナント）が複数入居するケースでは，さらに，入居する個別店舗のストア・ブランドとそれらを傘の下に収める小売事業者ブランドのコンセプトが相互に整合するよう**ブランド階層**を構築することも重要となる。

　企業ブランドがエンドーサー機能を果たすなかで，消費者にもたらす信頼には3つの次元がある（表5-3）。例えば「わけあって，安い」という無印商品誕生時（1980年）のキャッチコピーはブランドの中核メッセージである。「素材の選択」「生産工程の点検」「包装の簡易化」は無印良品の商品に共通する製品

表 5-3　企業ブランドにおける信頼性付与の次元

	Aaker	Keller	Brown and Dacin
社会志向	・存在感と成功のイメージ ・社会やコミュニティへの貢献	・環境への配慮，社会的責任	・社会的責任
顧客志向	・顧客への配慮 ・ローカルかグローバルか	・人とリレーションシップ	
技術志向	・革新性 ・知覚品質	・共通の製品属性，ベネフィット	・製品やサービスの技術

出所：Aaker, 前掲書, Keller, K.L., *Strategic Brand Management*, Prentice Hall, 1998 (恩蔵 直人・亀井 昭宏訳『戦略的ブランド・マネジメント』東急エージェンシー，2000 年), Brown, T.J. and Dacin, P.A., "The Company and the Product: Corporate Associations and Consumer Product Responses," *Journal of Marketing*, No. 61, 1997, pp. 68-94, をもとに筆者作成。

属性として今日まで一貫している。ブランドの社会志向に基づく，シンプルで合理的なライフスタイルという価値提案が，消費者の信頼醸成につながっているのである。

　もっとも表中のある特定の次元に注目することが望ましい，あるいは，好ましいということでは必ずしもない。第 4 世代にいたるブランドの一連の発展段階においてシグナルとなるのは NB と PB の品質差であった。PB は NB に追随しつつ，やがて凌駕するというのがそこでのシナリオである。しかし第 5 世代のキーワードとなるのは企業ブランドであり，この世代は品質向上の延長線上に単純に位置づけられるものではない[8]。社会志向，顧客志向，技術志向という多様な側面で，第 5 世代のブランドは独自の志向をともなって発展する可能性をもつといえよう。

第 5 節　小売ブランドの可能性

　本章ではブランドの概念とマーケティング・ミックス論におけるブランド概念の位置づけに注目し，ブランドがマーケティングを通じて構築すべき理想の事前像であることをまず確認した。ブランドには階層構造があり，ブランド戦

略策定者は各階層において，ブランドの意味世界すなわちメッセージの内容が相互に整合するよう理想の企業像，事業像，製品像を構築しなければならない。これまでのマーケティングが製造業者を活動主体として論じられてきたとはいえ，この点は小売業者にも通じている。

　小売ブランドにも，小売事業者，店舗，商品と複数の概念が含まれている。商品の階層では PB が NB やライバルの PB と競い合っている。また店舗の階層では SB 間の競争がある。長い歴史のなか，マーケティング・ミックスの異なる新たな小売業態が既存業態に加わり，やはり競い合っている。

　小売ブランドの発展段階を追っていくなかで，これからのキーワードとなるのが企業ブランドであった。それは製造業にとって「つくる」企業の像である一方，小売業にとっては「販売する」企業の像である。消費者から見れば，小売業は経営理念や哲学といった自社の志向，視点にもとづき，消費者に代わって商品を取り揃える「代理購買者」である。

　消費者が欲する商品・サービスを取り揃え，必要な情報を行い，適切なタイミング，場所，分量，価格で取引する。それにより，購買にかかわって消費者が抱える多様な問題を解決する。企業ブランドの観点からは，マーケティング

注
1) マーケティング・ミックスとは，マーケティング活動に必要な4つのPすなわち Product（製品政策），Promotion（プロモーション政策），Place（流通政策），Price（価格政策）を適切に組み合わせることである。
2) 石井 淳蔵『ブランド』岩波書店，1999年。
3) ブランド構築のマーケティングの枠組みに関しては，小林 哲「ブランド・ベース・マーケティング—隠れたマーケティング・システムの効果」『経営研究』第49巻第4号，1999年，113〜133ページにおいて詳しく議論されている。
4) 大野 尚弘『PB 戦略』千倉書房，2010年。
5) 日経 MJ の「2008年ヒット商品番付」（2008年12月3日付）において，両ブランドはともに西の横綱として評価された。
6) ブランドの階層構造については，青木幸弘「ブランド階層とブランド体系」青木 幸弘・小川 孔輔・亀井 昭宏・田中 洋編『最新ブランド・マネジメント体系』日経広告研究所，1997年，149〜173ページを参照のこと。
7) 無印良品のように企業ブランドと製品ブランドが実質的に区別されない場合もあ

る。無印良品は西友（総合スーパー）のPBとして1980年に誕生し，1989年には西友の子会社として設立された良品計画のPBとなる。しかし対顧客のコミュニケーションにおいて，企業ブランドに相当する良品計画は積極的には用いられていない。
8) Suyama, K., Umemoto, H. and Suzuki, Y.,"National Brands and Private Brands Communication in Japan,"*The Japanese Economy*, Vol. 32, No. 3, 2004, pp. 105-124.

鈴木 雄也

第6章　小売業の国際化

第1節　小売業の国際化に注目する理由

　グローバル社会といわれるように，国際化という現象は社会活動でも経済活動でも一般的なものとなった。製造企業は自国での商品の販売が困難になれば，その販売先を求めて外国に商品を輸出する。また，製造コストの関係から，一定量の商品の販売が確保される見込みがあれば，生産拠点を海外に移転することもある。

　小売業も製造業と同様に国際化の傾向にある。ただ，製造業と小売業ではさまざまな点で異なる。例えば，製造業は商品を生産するのに対して，小売業は商品の生産を行わない。また製造業の販売先は主として卸売業や小売業であるのに対して，小売業の販売先は消費者である。それ以外にもさまざまな相違点があることから，小売業の国際化の要因分析を行うことは非常に有意義である。

　商業には卸売業と小売業があるにもかかわらず，国際化についての分析は，主として，小売業が対象となる。つまり，商業の国際化という表現はされない。この理由は，卸売業の分析が非常に困難だからである。また，日本の流通機構において，卸売業の多段階性は諸外国にはみられない特殊的なものであり，一般化する際，根本的な部分に大きな問題があるためである。そのような理由もあり，商品の生産と販売という明確な局面の分析が現段階ではなされているのだと理解しておこう。

　小売とは，文字通り消費者の需要に柔軟に適合するよう大量に仕入れた商品を少量単位にして販売することである。また，卸売とは異なり，小売は消費者に対する販売を専門とする。この活動を行う経済主体を**小売業者**，それら全体

を**小売業**と呼ぶ。

小売業の役割は，商品が生産者から消費者に渡るまでの流通過程において，生産者に対する販売代理機能と消費者に対する購買代理機能を同時に担っている。**販売代理機能**とは，生産者は生産に専念することで商品の生産効率を高められるように販売活動を専門業者に任せる機能である。生産者の販売活動を代理するのが小売業である。**購買代理機能**とは，消費者が必要な商品を探索するための時間と費用を節約できるよう，商品を何らかの基準に従って取り揃えることで消費者の購買を手助けする機能である。

単純に考えれば小売業の国際化は，生産者，実際には大手製造企業の生産した商品の販売代理機関として，海外での販売を担当するということである。進出先の消費者にとっては，外国商品の購買を担当する機関として小売業が認識される。確かに，そのような形での商品の国際的な流通もある。しかし，小売業の国際化ではそれ以外の主体的・創造的な活動が積極的になされており，この部分も本章では確認することにする。

第2節　小売業の国際化に関する理論研究

本節では鳥羽達郎の見解を紹介する。小売業は，製造業と比べて小規模に分散した個別市場を対象とするので，地理的・社会的・文化的制約が大きいといわれている。そのため，小売業の国際的な事業展開は非常に難しいとされてきた。しかし，実際には多くの小売企業が海外進出を果たしており，その傾向は1980年代後半から一層加速化している。

小売業の国際化とは，「規制的，経済的，社会的，文化的，そして小売構造的な境界を克服することによって，小売企業を国際的な環境に存立させると同時に，組織的にも国際的な総合レベルに到達させることを可能にする，**小売経営技術の移転**，あるいは国際的な取引関係の構築」[1]である。特に重要な点は，小売経営技術の移転と国際的な取引関係の構築であるが，それは先述したような販売代理機能や購買代理機能にかかわるものではないことが特徴である。ま

た，国際的な取引関係は貿易活動でもみられるものであり，本章では小売業の経営に関するノウハウが移転するという点に注目する。

それでは，小売業の性質上，海外進出の困難性があるにもかかわらず，海外進出が活発に展開される要因は何であろうか。小売企業の海外進出の動機に関する研究は，環境要因による受動的な反応としての海外進出と，企業の主体的な要因による海外進出という2つの立場に分類されている[2]。

まず，小売企業の海外進出の動機は，環境要因に対する受動的な行動として，海外移転がなされるという見解である。鳥羽達郎はその先駆的な研究として，ホランダーによる検討を紹介している。その内容をみると，ホランダーはアメリカ小売企業のヨーロッパ市場への進出を検討する中で，その促進要因として，①独占禁止法など，国内の大規模小売企業に対する制約条件が強化されたこと，②反チェーンストア法や反百貨店法などの制約条件の緩和や廃止によってアメリカ小売企業の参入が容易になったこと，③関税率の引き下げによってPB商品の輸出が容易になったこと，④通信情報や輸送技術の進歩によって遠隔地における経営管理が容易になったこと，⑤海外旅行の増加に伴い，アメリカの消費者がヨーロッパ各地に偏在するようになったこと，⑥ヨーロッパ諸国に大規模な潜在市場が存在していたことの6つの要因を取り上げている。さらに，ホランダーは小売企業を取り巻く環境要因をより幅広い視点から，①政治的・経済的環境変化に伴う「自然発生的な国際化」，②社会的，政治的，人道的，そして倫理的要因が大きく影響する「非商業的要因に基づく国際化」，③「商業的要因に基づく国際化」，④「政府の規制や税制に基づく国際化」，⑤海外における魅力的な「既存市場や潜在市場を目指した国際化」の5つの側面からも整理している[3]。

また，こうした小売企業の海外進出要因は「プッシュ要因(Push Factor)」と「プル要因(Pull Factor)」にわけて把握することができる。まず，**プッシュ要因**とは，国内市場における競争の激化，市場の飽和，そして規制環境の強化など，国内の諸要因を意味する。次に，**プル要因**とは，未開拓市場の存在，緩やかな規制環境，そして参入コストの削減など，国外の諸要因を意味する。

表6-1 小売企業の海外進出を促す「プッシュ要因」と「プル要因」

	プッシュ要因	プル要因
政治的要因	・政治上の不安定性 ・激しい規制環境 ・反商業振興的な政治風土 ・消費者金融の制限	・安定的な政治環境 ・緩やかな規制環境 ・商業振興的な政治風土 ・緩やかな消費者金融
経済的要因	・経済の低迷 ・低経済成長 ・オペレーションコスト（高） ・市場の成熟 ・小規模な国内市場	・良好な経済状態 ・高度成長の潜在的可能性 ・オペレーションコスト（低） ・発展市場・大規模な海外市場 ・安い株価・好ましい為替レート
社会的要因	・否定的な社会環境 ・好ましくない人口統計上の推移 ・人口の停滞、減少	・肯定的な社会環境 ・好ましい人口統計上の推移 ・人口の増加
文化的要因	・排他的文化風土 ・異質な文化環境	・文化的同質性・文化的組織構造・ 革新的企業体質・企業風土
小売構造的要因	・厳しい競争環境 ・高市場集中度 ・業態の飽和 ・好ましくない経営環境	・ニッチ機会の存在 ・自社保有設備の存在 ・他企業追随的海外進出 ・好ましい経営環境

出所：Alexander, N., *International Retailing*, Blackwell, 1997, p.129.

なお，アレクサンダーは表6-1のように，この2つの要因を政治，経済，社会，文化，小売構造の5つの側面から整理している。

そして，もうひとつの小売企業の海外進出の動機は，企業の主体的な行動要因として解釈する見解である。すなわち，小売企業の海外進出は，企業戦略に基づく主体的な動機によって展開されるということである。表6-2にあるように，鳥羽達郎は，「世界小売業トップ100」を基に，「総売上高」，「海外進出国数」，「総売上高に占める海外部門の売上高の割合」の項目に分類して上位10社を抽出した。その内容をみると，総売上高と無関係に，海外進出国が多い，あるいは総売上高に占める海外部門の売上高の割合が高い企業が数多く存在している。このことは，小売企業が自社の企業戦略や成長戦略として，主体的な海外進出を展開していると解釈されている。とりわけ，フランスのカルフールは，戦略として主体的な海外進出を展開している小売企業であると指摘されている。

このように，小売企業の海外進出の主な動機は，国内市場の飽和や規制環境の強化といった環境要因も確かにあるが，成長志向などの小売企業の能動的な

表 6-2　世界小売企業の項目別上位ランキング表

順位	総売上高（百万ドル）	海外進出国数	海外部門の売上高の割合
1	ウォルマート（米） 130,530.0	マーク＆スペンサー（米） 36ヶ国	イケア（瑞） 89.3%
2	メトロ（独） 52,110.0	イケア（瑞） 29ヶ国	デルヘイズ（白） 77.5%
3	クローガー（米） 43,082.1	ケル（独） 26ヶ国	オットーベルサンド（独） 49.2%
4	ITM（仏） 38,986.4	トイザらス（米） 26ヶ国	カルフール（仏） 43.6%
5	アホールド（蘭） 36,704.0	IGA（米） 23ヶ国	キングフィッシャー（英） 40.0%
6	シアーズ（米） 36,203.7	メトロ（独） 20ヶ国	オーシャン（仏） 38.1%
7	プロモデス（仏） 36,019.5	カルフール（仏） 20ヶ国	プロモデス（仏） 38.1%
8	カルフール（仏） 35,871.8	イトーヨーカ堂（日） 20ヶ国	メトロ（独） 35.0%
9	アルバートソン（米） 33,674.0	オットーベルサンド（独） 19ヶ国	イトーヨーカ堂（日） 29.9%
10	Kマート（米） 32,553.3	オフィスデポ（米） 19ヶ国	ピン・ブランラン（仏） 29.5%

（注）「世界の小売企業トップ100」『Chain Store Age』1999年12月号, 24-27ページより鳥羽が作成。
出所：鳥羽 達郎「小売企業の海外進出における動機についての一考察―マーケティングの二面性を基に―」『星陵台論集』第34巻 第2号, 2001年12月, 98ページ。

要因が強く影響すると考えられる。先述したように，国際展開している小売企業は経営ノウハウを海外移転し，成長を図ることをより優先事項とし，自国の製造企業と消費者との取引の橋渡しという役割に止まらない行動を積極的に行っているといえよう。

次節では，日系小売企業の海外展開の具体的な事例として，以下の「台湾ファミリーマート」[4]と「台湾における日系百貨店」[5]を紹介する。それらの事例から，小売業の海外進出に際して，実際に**経営ノウハウ**がどのように移転されているかについてみてみよう。

第3節　台湾ファミリーマートの事例

1．出店プロセス

　埼玉県狭山市でファミリーマートの原型となる実験店の狭山店（現在の入曽店）がオープンしたのが1972年9月である。1978年には本格的な展開を目指して西友ストア内にファミリーマート事業部が発足した。そして1981年9月，西友ストアから独立する形でファミリーマートが誕生した。ファミリーマートは，日本のコンビニエンス・ストア業界で初めて，1988年に台湾市場へ海外進出した。それ以降アジア地域を中心に店舗展開し，2009年には海外の店舗数が国内を上回り9,350店に達している。また，ファミリーマートは参入の際，規制，慣行，言語，文化など台湾の市場環境に適応するために，現地企業と資本提携して共同で事業を経営する合弁方式を選択した。それは，日本のノウハウを移転すると同時に，現地企業の積極的な行動を通じて創造的適応をもたらすのが狙いだった。その結果,台湾市場へ参入して2年後にはフランチャイジングによる事業を拡大している。

2．事業システムの構築
（1）店舗展開

　当初の台湾市場における店舗は，日本で構築された基本的なモデルを再現することから始められたが，現地に適した売場（店舗の大きさや店舗構造）や品揃えなどが模索されてきた。

　ファミリーマートは，社会的に外食が根づく台湾で集客力を高める工夫として，食事ができる飲食コーナーを店内に設けた。また，温かい食べ物を低価格で提供する台湾の屋台文化を取り入れ，食品メーカーと連携して中食[6]を充実させることで品揃えの差別化を図った。さらに，各種の支払サービス，新幹線チケットの取次サービス，低価格での配送サービスなど，さまざまなサービスを提供している。そのほか，ホスピタリティに溢れる接客を実現するための

人材教育にも取り組んでいる。

(2) 商品調達

　台湾は日本と異なり，大規模な卸売業者がほとんど存在しておらず，中小卸売業者もメーカーの代理として機能しているにすぎず，メーカーが小売店に個別配送することが一般的であった。そのようなコストの増加を招く配送体制を効率的かつ効果的に整備するためには，多頻度少量の商品調達と配送体制の実現が必要であった。そこで，台湾ファミリーマートは台湾市場への参入と同時に卸売機能と物流網を自ら構築している。店舗数の拡大に伴い，物流センターを増設して在庫を保有することで卸売機能も担い，現在では台湾全土に5ヵ所の物流センターを有するまでになっている。また，自社専門の卸売会社の設立にも取り組んだ結果，商品を仕分けするピッキングの設備から在庫管理のコンピュータ・システムに至るまで，台湾の物流機能を日本とほぼ同等になるまでに引き上げた。さらに，主力商品となる弁当やデザートなどを調達するために，自ら協力工場の設立にも積極的に介入した。現地の協力工場に対しては，日本のファミリーマートに商品を供給している協力工場から人材を派遣して，流れ作業式の生産工程や衛生管理などの知識を移転した。

(3) 人的資源管理

　小売企業の国際展開においては，企業理念や日本で培ってきたノウハウを現地の組織に移転させると同時に，現地の人材教育や組織体制を整備する人的資源のマネジメントが重要である。一般的には，日本のエリアフランチャイズ事業本部から必要最低限度の人材を派遣し，彼らを通じて知識の移転が行われるが，台湾の場合は，現地法人における経営幹部の大部分が台湾人スタッフで担われた。近年では，国内外のエリアフランチャイズが集うサミット会議の開催（2003年度から）や，各地のエリアフランチャイズを支援する事業支援部の新設（2008年）のような，世界規模で知識を共有しようとする取り組みがなされている。それらは，進出国間のネットワークを強化することによって，共同調達の実現や国際的な販売市場の獲得を模索するための取り組みであり，日本の本部が保有するノウハウの垂直的な移転と，各国のエリアフランチャイズが

保有するノウハウの水平的な移転による知識共有を促進している。

第4節　台湾における日系百貨店の事例

1．出店概要

　台湾における太平洋崇光（太平洋SOGO）と新光三越の二大日系百貨店の比較を行い，日系百貨店の競争優位についての検討が行われている。

　1986年および1989年の外国人投資条例の改正による台湾政府の規制緩和といった環境下で，そごう（太平洋建設との合弁，1987年開店）と三越（新光グループとの合弁，1991年開店）は，現地台湾企業との合弁方式で出店した。

　太平洋崇光は，1号店の出店時から台北市の玄関である台北駅から離れた立地（台北市忠孝東路）で開店している。また，台湾の消費者の店舗選択の評価基準となっている品揃えの重要性を認識し，「他社より先取りした商品力」で顧客満足を図っている。例えば，家庭用電気製品が挙げられる。台湾の百貨店では，いわゆる家電は店舗差別化の一商品群であり，消費者にとっては百貨店の選択肢となる。

　一方，新光三越は，1号店を台北駅北側の南京西路に，2年後には台北駅のすぐ横に2号店となる駅前店を開店させており，2000年以降一地区に集中出店している。しかし，各店舗は独立しており，異なる品揃えによって購買客も異なる。新光三越では，店舗別に異なるブランド商品を取り揃えることで，同社の他店舗との差別化や集客力向上を図っている。

2．出店要因と競争優位の源泉

　台湾への日系百貨店の出店は，小売業の海外進出要因を，国内市場における緩やかな出店規制，小売企業内部の意思決定といった「プッシュ要因」と，台湾の1970年代後半以降，特に1990年代前半にかけての国民所得の増加にともなう経済成長，台湾政府による外国人投資条例の見直しといった「プル要因」に分けて考えることができる。それらの要因によって合弁方式で，そごう，三越，

高島屋，阪神，伊勢丹などの大手百貨店が台湾市場への出店を加速してきた。

また，台湾における日系百貨店の出店行動において，柳純は「**標準化－適応化の程度差**」によって出店プログラムが変化することを前提に，「標準化－適応化の程度差」を決定づけるのが，小売業が保有している小売技術としての経営資源であることに着目している。そして，競争優位の源泉については，RBV (Resource-Based View)の視点からの百貨店が保有する無形資源であるマーチャンダイジング，社員教育を取り上げている。

日系百貨店は，競争優位の源泉になっている「品揃えノウハウ」について，商品調達，品揃え段階から指示を徹底させるとともに，①空間を広く利用した商品ディスプレイ，②商品購買時の自社独自のカードポイント加算，さらに③売場の安全面対策，④廃棄物処理面における環境配慮など，地場百貨店に対する差別化戦略を展開している。また，現地社員の教育は，すべて本社からの出向社員で行っており，台湾から日本の本社への研修制度も採択している。社員教育の内容は，挨拶や接客はもとより，商品についての知識や管理の方法など多岐に渡る。

このように，台湾における日系百貨店では，日本の百貨店独自の小売技術（販売ノウハウや販売管理など）をほぼそのまま継承した百貨店経営がなされている。

注
1) 鳥羽 達郎「小売企業の海外進出における動機についての一考察－マーケティングの二面性を基に－」『星陵台論集』第34巻 第2号，2001年12月，89ページ。
2) 同上論文，91～103ページ。
3) 同上論文，91～92ページ。
4) 鳥羽 達郎・陳 玉燕「小売業の国際化－コンビニエンス・ストアの事例－」伊部 泰弘・今光 俊介・松井 温文編『現代のマーケティングと商業』五絃舎，2012年，191～201ページ。
5) 柳 純「台湾における日系百貨店の比較分析」『福岡女子短大紀要』第69号，2007年7月，13～26ページ。
6) 中食（なかしょく）とは，調理済みの食材を買って持ち帰り，家庭や職場などで食べる食事のことである。例えば，コンビニの弁当や総菜，サンドウィッチなどがある。

安 孝淑

第7章　ネット販売

第1節　急速に拡大するネットショッピング

　リーマン・ショック以降，依然として続く消費不況や消費者の低価格志向などを受け，小売業界の苦戦が続いている。通信販売業界も例外ではないが，『家ナカ』消費の増加や，ノー残業デーや定時退社を推奨する企業の増加などから，ネット通販の利用はさまざまな消費刺激策の一つとなっている。本章では，これら**インターネット通販**（オンラインショッピングやウェブショッピングとも言う）をはじめとしたネット販売について，事業者および消費者のさまざまな視点から考える。

　2008年の金融危機による景気低迷が，消費者の節約志向や生活全般に対する『縮み志向』を後押ししたことによる現象だが，消費マインドの冷え込みに加え，燃料価格の高騰や食の安全性に対する不安拡大なども背景にあると見られ，こうした在宅型の消費拡大で最も恩恵を受けたのは，オンラインショッピングである。

　なかでも，ネットショッピングモール最大手の『楽天』は，近年では過去最高となる営業利益を上げ，会員数も5千万人を突破した。CD・DVDレンタル最大手のTSUTAYAグループも新規事業の音楽・映像通販サービスで会員数を増やし，また任天堂を筆頭とする家庭用ゲーム機メーカーも好調を維持している。

　この消費者の巣ごもり傾向は，日本だけのことではない。特に同時多発テロ以降の米国では，外出を控える傾向が顕著で，家に閉じこもる消費者を繭にたとえた**コクーニング**と呼ばれる現象が拡大している。一方，スマートフォンや

タブレット型の携帯端末の飛躍的な進歩によって，現在では外出先などから容易にショッピングサイトへアクセスでき，ユビキタスな環境が整備されている。

第2節　ネット販売における商品種類と出店形態

1. ネット販売における主な商品種類

　ネットによる販売と言ってもその種類は多岐に渡り，さまざまな商材を販売することができる。しかしながら，以下のような種類の物には許認可が必要である。

・中古品（警察署）：古物営業法

　本，衣類，パソコンなどの中古（リサイクル）品を扱う際に，所在地を管轄する公安委員会（窓口は警察署）より，古物商の許可を取得する必要がある。ただし，自分の私物を処分する目的で販売する場合は，古物商の許可は不要。

・食品（保健所）：食品衛生法

　食品だけでなく，食器や子どもの口に含む可能性があるベビー用品や子ども向けの玩具を販売する際に食品衛生法が関係する。また，これらの商品を海外から輸入して販売する際には，事前に審査を受け，検査が必要となる。また，仕入れた食材を加工し販売する場合（手作りソーセージや自家製パンなど）は，食品衛生法に基づく資格と営業許可が必要である。ただし，農産物の産地直送，缶詰，スナック菓子などの加工食品を国内より仕入販売する場合は，許可や届け出は不要。

・酒類（税務署）：酒税法

　ネットでのお酒の販売は，2都道府県以上の広範な地域の消費者が対象となるので，一般的に流通しているお酒を取り扱うことは出来ず，地酒や輸入酒に限られる。また，通信販売酒類小売業の免許が必要となる。

・医薬品，化粧品（保健所）：薬事法

　効果・効用など商品の説明や宣伝には規制があり，不当表現や誇大表示がな

いか注意が必要である。また，化粧品製造業免許や，化粧品輸入販売業の許可が必要な場合もある。特に，医薬品の販売に限っては2009年6月1日に改正薬事法が施行され，この薬事法に伴う改正省令により，インターネット販売可能な医薬品の範囲が変わり，医薬品はリスクの程度に応じて，以下の3つの分類に分けられた。

(1) 第1類医薬品（特にリスクが高いもの）

一般用医薬品としての使用経験が少ない等，安全上特に注意を要する成分を含むもの。（例）リアップ，ニコレット，ガスター10　等

(2) 第2類医薬品（リスクが比較的高いもの）

まれに入院相当以上の健康被害が生じる可能性がある成分を含むもの。（例）かぜ薬，解熱鎮痛薬，漢方薬，妊娠検査薬　等

(3) 第3類医薬品（リスクが比較的低いもの）

日常生活に支障をきたす程度ではないが，身体の変調・不調が起こるおそれがある成分を含むもの。（例）ビタミン剤，整腸剤　等

改正薬事法施行前までは，第1類から第3類医薬品までいずれもネット販売することが可能であった。しかし，2009年6月1日に施行された「改正薬事法[1]」に従うと，ネット販売が可能な医薬品が限定される。つまり，第1類・第2類医薬品はネットで購入することができない（対面販売）。第3類医薬品は従来通りネットで購入することが可能であった。また，2013年1月11日に最高裁判所は，インターネット通販会社（ケンコーコムとウェルネット）が起こした一般用医薬品のネット販売規制に関する行政訴訟で，国（厚生労働省）の上告を棄却し，被上告人（ケンコーコムら）のネット販売を認める判決を下した。その判決を受けて同社では，ECサイトで第1類の医薬品の取り扱いを再開させた。

利便性が高まる一方で，薬剤師会や薬品販売関係者は「安全性や確実性を認めたものではない」と懸念し，国による早急な法整備を求めている。

・動物（都道府県の各庁）：動物愛護管理法

犬や猫などのペット類をネットショップで動物を取り扱う際は，動物愛護管理法に基づき，都道府県知事に対する動物取扱業届出書の提出及び登録が義務

づけられており，人に危害を加える恐れのある特定動物に関しては別途許可が必要である。ただし，エサ類は手作りであっても許可が不要。

このように，インターネット上で販売できる商材においては，許可なく何でも販売できるわけではなく，さまざまな許認可の申請や免許なども必要である。また，人材紹介サービスの場合であれば**職業安定法**が関連し，音楽・映像などをダウンロードするコンテンツ配信サービスの場合であれば著作権法などが関連し，コンサート，ライブ，新幹線，飛行機などのチケット販売する場合であれば**通信販売法**などが関連する。これらネット販売の法律については今後も，新たな法規制の誕生や既存法の解釈も変化していくことが予想される。

2. ネット販売における出店形態

ネット販売する上でも『販売場所』というものが存在する。出店形態というよりも，どの場所にショップを出店するのかを考える必要がある。以下に大きく3つの出店形態の特徴，メリットやデメリットを紹介する。

(1) ショッピングモール

インターネット上には『楽天市場』，『amazon』や『Yahoo! ショッピング』などのショッピングモールという形態での出店が可能であり，モールには多くの企業が出店している。一方，モール側はさまざまなイベント，広告や販促活動（ポイント，メルマガ，DMなど）を行い，もともと見込み客が集まっている中での販売となるため，集客という面では非常に大きなメリットがある。

ただ，顧客が商品検索の際，価格順で並び変えることができ，同じ商品を販売している競合店舗も多いため，価格競争が激化し，その中で生き残るのは非常に厳しいと最近では言われている。さらに，売上に対するショッピングモールサイト運営会社への**ロイヤリティー**[2]，**クレジットカード決済**などの手数料等の従量課金制度もあるので，粗利の少ない商材を扱うネットショップには不向きな場合もある。

また，ネットショップは『ネットを利用した通信販売』であるので，通信販売の生命線ともいえる顧客データはモール側の所有データと考えられており，

将来的にモールから脱退・退会し，独自にショッピングサイトを立ち上げる際には，顧客名簿を持ち出せないというデメリットがある。

(2) 独自ドメインでのショッピングサイト

ショッピングモールと比較して大きなメリットは，出店料（費用）が安いことである。つまり，独自ドメインの月額システム管理料以外のロイヤリティーなども，支払う必要がない。また，顧客名簿については店舗側の資産となるので，万一ショッピングサイトを置いているサーバーを乗り換えた際でも，その顧客名簿を活用して自由に販売促進活動を行うことが可能である。しかし，独自ドメインのため，ショッピングサイトなどのWebシステムとクレジットカードなどの決済システムとの連動性の不具合やサイト自体が十分にシステム統合されていない場合は，注文時や決済時にさまざまなトラブルを解決するのに予想以上に時間が掛かったり，間違いが発生するというデメリットがある。

(3) ネットオークション

代表的なものとして，『ヤフーオークション』，『楽天オークション』や『ebay』などがある。お店を出すというよりも商品を出すという感覚で，個人での出品も簡単で，在宅で子育ての合間に小遣い稼ぎをしたい主婦や，サラリーマンの副業などでも人気の出店形態である。

本格的にオークションサイトを利用している企業や店舗は，特に『オークションストア』という出店形態で，サイト運営会社が提供する集客機能や管理メニューが充実したサービスを利用している。最近ではオークションに集まる消費者は競売（セリ）を楽しむというよりも，とにかく安く買いたい，または程度の良い中古を探すといったニーズでオークションを利用しているので，企業・店舗側もオークションに出品する際にも販売したい価格（希望落札価格）を最初から提示しておくことで，出品側，落札側の双方にメリットがあると言われている。

すでにネットショップを運営している場合は，オークションサイトで新商品のテストマーケティングとしての利用や，また化粧箱がつぶれて実店舗では販売しにくい商品や傷があるなどのアウトレット的な商品を販売すること

も多い。また，少し前までは独自ドメインのネットショップを開店するには，HTMLなどホームページ作成の技術やシステムに精通しておくことが必要であったが，最近ではblogのような感覚で簡単にショップができる**CMS**（コンテンツマネジメントシステム）を使ったショップシステムも主流となっている。

一方，顧客のblog，Twitter，FacebookやSNSなどで商品の紹介や広告主の紹介情報などを記載してもらうことで，商品やショッピングサイトやモールへの集客を向上させたりする**アフィリエイト**という仕掛けがある。このアフィリエイトとは，個人のblogやウェブサイト等に掲載した商品や広告リンクから商品購入などが行われると報酬が支払われる仕組みのことで，報酬が発生する条件には，成果報酬型[3]とクリック報酬型[4]の2つがある。このアフィリエイトはASP[5]と呼ばれる仲介業者に登録することで行えるようになるが，ASPへの登録や利用には一切料金がかからないのも特徴である。また，最近では**ドロップシッピング**[6]という販売手法もあり，販売チャネルも多種多様になってきている。

第3節　ネット販売における販売管理システム

ネット販売の日常業務は，商流・物流・顧客対応と大変煩雑である（バックヤード業務）。また，システムの運用管理やセキュリティも確保する必要もある。そこで，第2節でのショッピングモールなどでバックヤードのシステムを利用するか，独自に販売管理システムを開発して運用するか，また販売管理システムのみを**クラウドサービス**[7]で利用するかのいずれかとなる。ここでは，一般的なネット販売での**販売管理システム**について，その特徴と機能を考える。

販売管理とは，販売の一連の流れを受注から出荷・納品，代金の回収までの業務を管理することである。何（商品）を，どこ（得意先）に，どのくらい（数量），いつ（納期），いくら（価格）で販売したのか，さらに，売った商品の代金をいつもらえるか，仕入れた商品の代金をいつ支払うかなど，商品の販売に関する情報を管理する。これらの活動は，企業が売上や収益を獲得するために

行う直接的な活動で，商品やサービスを販売して売上（収益）を上げ，どの企業においても必ず必要な機能である。

また，販売管理の機能としては，『小売業，卸売業』と『製造業』では，少し異なる。『小売業，卸売業』では，『販売管理』，『仕入れ管理』，『在庫管理』の3つあり，『製造業』ではこれらに『生産管理』が追加される。

販売管理システムとは，これらの①注文を受ける『受注管理システム』，②商品を保管及び管理する『在庫管理システム』，③出荷を行う，『出荷管理システム』，④売上や請求を行う『売上管理システム』の大きく4つのサブシステムに分かれ，各サブシステム同士が連動し合っているのが販売管理システムの特徴である。

また，複数のモールやオークションサイトに出店している企業などは，これらのサイトを別々に管理運営しているのが通常であるが，これらの在庫・売上管理なども別々のデータ処理となるため煩雑になりがちである。このため，最近ではこれら複数サイトを一つにまとめ，さらに実店舗もあればそこのデータも統合して販売管理できるクラウドサービスも出てきている。

第4節　ネット販売における法律やトラブル

1.　ネット販売における法律

ネット販売については，**特定商取引法**（「特商法」）とも呼ばれる。経済産業省で定められている取引類型の内の『通信販売』に該当し，**ホームページ上の広告**についても，以下について表示義務事項を明示しなければならない。

　(1) 商品の価格（送料が含まれない場合は送料も）
　(2) 支払い時期および方法
　(3) 商品の引渡し時期
　(4) 商品引き渡し後の返品の特約（返品できない場合は，その旨）と条件
　(5) 氏名または名称，住所，電話番号
　(6) （事業者が法人の場合）代表者氏名または通信販売業務の責任者氏名

(7) 申し込みの有効期限（期限がある場合のみ）
(8) 商品の送料，またそれ以外の付帯的費用（代引手数料，組立費等）
　　※ 金額で表示すること（『送料実費』等は不可）
　　※ 表示するスペースに余裕がない場合は，以下の様な表示も可能
　　　a) 最低送料と最高送料：送料〇〇円（東京）～〇〇円（沖縄）
　　　b) 平均送料：送料〇〇円（約〇％の範囲内で地域により異なります）
　　　c) 送料の数例：送料〇〇円（東京），〇〇円（大阪），〇〇円（福岡）
(9) 商品に隠れた瑕疵がある場合の事業者の責任（規定がある場合のみ）
(10) 商品の販売数量制限や権利・役務の販売・提供条件（規定がある場合のみ）
(11) 広告の表示事項の一部を表示しない場合（消費者からの請求により，広告の表示事項を記載した書面および電磁的記録を遅滞なく提供する旨を表示する場合）に，消費者がそれらを記載した書面を請求した場合，その金額（消費者に負担を求める場合のみ）を提示する。

　また，2001年の法改正において（**電子消費者契約法**），パソコンの操作を誤ったりすることによる消費者トラブルが増えているため，消費者を救済しようとするものである。例えば，次のような場合の事例がある。

　『無料画面だと思いボタンをクリックしたら有料で代金を請求されてしまった。』

　『1つ注文したつもりが2つ注文したことになって，同じ物が2つ送られてきた。』

　上記のようなうっかりとした間違いを防止するため，申し込み画面等については，『分かりやすい画面表示』を行うことを事業者に義務付けた。『分かりやすい画面表示』とは次の2つがあり，①このボタンをクリックすれば有料の申し込みになるということを明確に示さなければならない，②消費者が申し込みを行う際に申し込みの内容を確認し，必要があれば訂正できるようにしなければならない。

2. ネット販売におけるトラブル

　インターネットショッピングは，自宅に居ながらにしてさまざまな店舗や商品を見ることができ，時間に余裕がない時や，その地域に行かなければ買えない商品などを購入したい時など，クリックするだけで買物ができ，大変便利である。更に，利用者も年々増加しているが，それに伴いトラブルも増える傾向にある。

Case1：代金を前払いで振り込んだが，商品が届かない。

[解説]　インターネットの世界は相手の顔が全く見えない。そのため，商品代金だけ受け取って，商品を送らずに『雲隠れ』してしまう悪質な業者も中には存在する。ショップを選ぶ際には，**前払い以外の支払い方法**（クレジット払い（後払い）等）が選択できるようになっているかどうか，また，その事業者の氏名・住所・連絡先（メールアドレス以外のオフラインで連絡が取れるもの：電話やFAXなど）を事前に確認することも重要である。

　また，クレジット決済の場合には，クレジット会社に商品が届かないことを伝え，支払いを止めてもらう方法（**支払停止の抗弁権**[8]）もある。場合によっては『引き落としを1ヶ月延長する措置を取り，それまでに販売店と消費者の当事者間で話し合ってもらい，その結果に応じる』といった対応をすることもある。しかし，これらは統一された基準はなく各社ケースバイケースの対応をしている。

Case2：商品が思っていたイメージと違ったので返品したい。

[解説]　通信販売には**クーリングオフ**の適用はなく，その代わりになっているのが個々の**返品特約**になる。ただし，クーリングオフは『無条件で返品』できるのに対し，返品特約は『返品できない場合もある』というところが大きく異なる。このため，全てのショップが返品を受け付けているという訳ではなく，購入する前によく注意する必要がある。その際，返品を受け付ける期間や，返品時の送料などは，事業者，消費者のどちらが負担するのかなども合わせて確

認しておく方が望ましい。

Case3：高級ブランド商品を注文し，代金引換払いで支払いをしたが，商品を確認したところニセモノだった。
【解説】銀行や郵便局にわざわざ出向かなくても，自宅等で支払いができる『代金引換払い（代引き）』は，便利で利用される人も多い。しかし，消費者が商品を受け取るのと同時に代金を支払うので，中身を確認することが難しく，トラブルも起こりやすい。代引きを利用する時は，できるだけ信用できるショップ以外は避けた方が良い。また，クレジット決済の場合には，クレジット会社に商品がニセモノであること伝えて支払いを止めてもらう方法（支払停止の抗弁権）もある。

Case4：全く心当たりのない人から電話があり，以前に，プレゼントがもらえるというホームページ上のアンケートで名前や連絡先等を記入したことはあるが，そういう名前の事業者ではなかった。
【解説】一部の悪質な事業者により，外部に個人情報を漏らされた事例と考えられ，最近では『プライバシーポリシー』として，『お客様に関して知り得た情報は，外部には絶対に流出させない』と表示する事業者も増えてきている。これらを確認することも，トラブルに遭わない一つの目安となる。また安心できるショップを選ぶ目安としては，『お客様からの質問に対して迅速なメールの対応』や『ショッピングサイトの更新が定期的になされている』ことがある。上記の4つの事例のように十分に注意していても，万が一トラブルに巻き込まれてしまったら，以下の『通販110番』，『国民生活センター』，また全国の『消費生活センター』などに相談し，解決法についてアドバイスや手続きを行うと良い。

・通販110番：(03) 5651-1122
　ホームページ：http://www.jadma.org/DM110/index.html
・国民生活センター：(03) 3446-0999

ホームページ：http://www.kokusen.go.jp/
・全国の消費生活センター：(0570) 064-370
　　ホームページ：http://www.kokusen.go.jp/map/index.html

　最後に，なぜネット販売で『クーリングオフ制度』が適用されないのか，訪問販売や電話勧誘販売については，商品を購入しようという意思が曖昧なまま，契約が結ばれる可能性がある契約形態であるのに対して，通信販売は，『消費者が広告や雑誌等を見て，自らの意思で申し込みを行う』とされているため，クーリングオフのような消費者の救済制度は適用されないこととなっている（自己責任）。

　また，ネット販売を行う事業者および商品を購入する消費者においても，現在は多様な詐欺（ワン・ツークリック，フィッシング，ファーミング，モニター，ネズミ講，求人詐欺など多種多様）の手口が巧妙になってきており，詐欺サイト自体を構築できるツールまである。ネット販売においては，事業者および消費者がこれらの詐欺や被害に遭わないこと，つまり，サイトにおいて『セキュリティ』の信頼性や安全性が成功の鍵の一つとなるであろう。

注
1) 改正薬事法：(厚生労働省) http://www.mhlw.go.jp/seisakunitsuite/bunya/kenkou_iryou/iyakuhin/ippanyou/index.html
2) ロイヤリティー：特定の権利を利用する利用者が，権利を持つ者に支払う対価のことで，主に特許権，商標権，著作権などの知的財産権の利用に対する対価をいい，特に，著作権に対する対価は印税ともいう。一般的なショッピングモールなどでは，月額利用料3-5万円，売上高の2-6％というロイヤリティーを支払ってモールで出店している。
3) 成果報酬型：成功報酬型とは，閲覧者がWebサイトのリンクを経由して広告主（EC）サイトで会員登録や商品の購入などをした時点で報酬が発生する。成果報酬型は，アフィリエイトシステムの報酬形態の中で一番の主流で，クリック報酬型よりも成果が出るまで時間が掛かると言われているが，成果があがれば，成果金額×還元率が報酬となるため，見返りは大きいといわれている。単価は広告により様々ですが，1件成約で1万円を超える広告も珍しくはない。
4) クリック報酬型：英語でpay per click（PPC）ともいわれ，特にインターネットの

WWW上における広告形態をさし，ある広告媒体のウェブサイトに設置された広告を閲覧者がクリックすることによって広告主が報酬を与え，広告掲載側が報酬を得たりすること。また，閲覧者が他の人のWebサイトのリンクを経由して広告主（EC）サイトへアクセスした時点で報酬が発生する仕組みです。広告を1回クリックされる度に，1円～数十円の報酬が確定し，アクセス後の成果は問われない。クリックのみの成果となるため，成功報酬型よりも報酬額が少ないが塵も積もれば山となる。

5) ASP（アフィリエイトサービスプロバイダ）：インターネットを中心に成功報酬型広告を配信するサービス・プロバイダで，略してASPと呼ばれることがある。

6) ドロップシッピング（dropshipping）：インターネットを利用したビジネス形態で商品の発送（もしくは発送＋請求）を，商品の卸元や製造元（ベンダー）に委託し，ネットショップ自らが在庫を持たない販売手法で，運営側は，商品を発送する手間と，在庫を持つリスクを回避することができる。ネットショップの販売価格と，ベンダーの卸価格の差額がネットショップ側の利益となる。また，ドロップショップとは直送を意味する。

7) クラウドサービス：クラウドコンピューティングでは，サーバーは連携し合い，クラウド（雲）と呼ばれる一つのコンピュータリソースとして捉えられる。クラウドコンピューティングを利用する側は，サーバーの管理やメンテナンスなどに気を配る必要がなくなるというメリットがある。ソフトウェアをWeb上でサービスとして提供するといった概念には，SaaS（サービスとしてのソフトウェア）などもある。ただし，SaaSは必ずしもクラウドサービスで提供されることを前提としていない。

8) 支払停止の抗弁権：クレジットで購入した商品が届かない，商品に瑕疵がある，商品がニセモノだった等，以下のような一定の要件が揃えば，割賦販売法に定める「支払停止の抗弁権」としてクレジットカード会社に「支払停止」を主張することができる（決済が日本国内の場合）。
  ①2ヶ月以上の期間にわたり，3回以上に分割して支払う契約であること
  ②割賦販売法の指定商品，指定役務，指定権利であること。
  ③販売業者に対して抗弁事由（問題が生じていること）があること。
  ④総支払額が4万円以上であること（リボルビング方式については，現金価格が38000円以上）。
  ⑤購入者にとって，契約が商行為とならないこと。

ただし，この「支払停止」は，販売業者との問題が解決されるまで，ある一定の期間可能な措置で，クレジット契約自体が消滅するわけではない。決済が海外の場合には，割賦販売法が適用されないなど『支払停止』が可能なケースは限られている。

福永 良浩

第Ⅱ部
激変する小売流通

第8章　百貨店

第1節　百貨店業界の動向

　百貨店の市場規模は，1991年の9兆7,131億円の絶頂期を境に下降の一途をたどり，今や2011年度データでは約6兆2千億円となっており，ピーク時と比べて3.5兆円も下回っている（図8-1）。

図8-1　百貨店売上高の推移

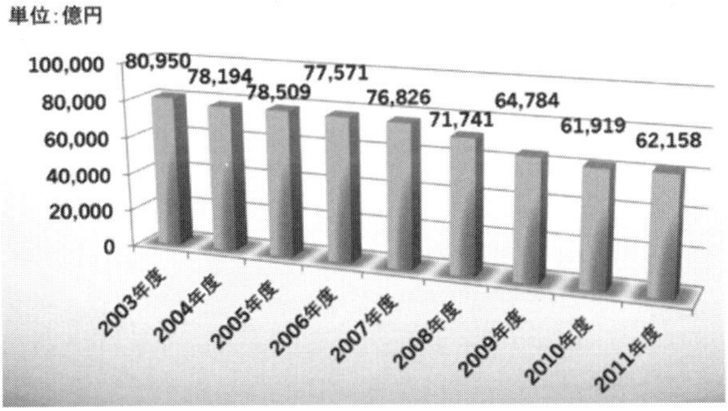

単位：億円

年度	売上高
2003年度	80,950
2004年度	78,194
2005年度	78,509
2006年度	77,571
2007年度	76,826
2008年度	71,741
2009年度	64,784
2010年度	61,919
2011年度	62,158

出所：日本百貨店協会
http://www.depart.or.jp/common_department_store_sale/list

　長引く景気の低迷に加えて，インターネット通販や新たな商業施設の増加など，百貨店を取り巻く環境は大変厳しい。ここ数年は次のような大手百貨店どうしの経営統合が相次いでおり，業界再編の動きが顕著である。
　・2007年9月：J.フロントリテイリング発足（松坂屋・大丸）
　・2007年10月：エイチ・ツー・オー リテイリング発足（阪急百貨店・阪神百貨店）
　・2008年4月：三越伊勢丹ホールディングス発足（三越・伊勢丹）

・2009 年 9 月：そごう・西武発足（そごう・西武百貨店・ミレニアムリテイリング・ロビンソン百貨店）

　経営統合を行うことで，各社は商品開発能力や効率化ノウハウを補完したり，店舗網を拡充させることが可能となる。このように，生き残りをかけて業界全体が体力強化をはかる中，自社の顧客層をあらためて意識し，百貨店"らしさ"を追求することで復調する企業もある。例えば，三越伊勢丹ホールディングス（以下，三越伊勢丹HD）の 2012 年 4-6 月期の連結決算では売上高こそ 2,903 億円の微増であったが，経常利益は前年同期比 34% 増の 106 億円を達成している。特に都心部店舗での業績が好調であり，全国店舗別売上高が 3 年首位の伊勢丹新宿本店が 4% 増，2010 年 9 月に売場面積を 1.5 倍に増床した三越銀座店が 14% であった。一方，地方店の復調も顕著である。名古屋三越栄店では高級腕時計や宝飾品等の購入客が増加しており，2011 年 3 月の東日本大震災後の消費動向の特徴を「長く残せる良い物を買いたいという顧客が増えた」と分析している[1]。

　また同社は，従来は各百貨店が横並びで 7 月 1 日を皮切りとしていた夏のバーゲン・セールを，2012 年は 2 週間繰り下げて 7 月 13 日から展開する戦術を採択した。落ち込み続ける利益率を回復させるには定価販売される商品の量を増加させることも有効な手立てである。三越伊勢丹 HD は夏のバーゲン・セールを先延ばしすることによって，正札[2] 価格で販売する期間を増やしたことになる。結果としては 7 月の売上げは微減に終わったものの，夏のバーゲン・セールは 4-6 月期の売上増に貢献した。必要な時期に，適正量を適正価格で販売することを志向したことが結実したわけであるが，これらは，管理主体である三越伊勢丹 HD が主導して進めた改革である。

第 2 節　百貨店の成立とその後のあゆみ

　わが国における百貨店の端緒は，呉服店が明治時代に従来からの**座売り**が陳列販売に改められたことにある。その先駆けであった三越に続いて松坂屋，大

丸，髙島屋などの呉服店の百貨店化が明治後期から加速した[3]。番頭が顧客の下足を預かって畳敷きの広間に上げ，奥の蔵から商品を見繕って提供する「**座売り方式**」によって販売が行われていた時代の呉服店[4]の顧客は，商品を購入する意思がない限り入店すら許されなかった。また，顧客がひとたび店内に足を踏み入れたならば，必ず購入せねばならないことが暗黙のうちに決められていた[5]。そのように極めて閉鎖的な存在が広く消費者に開放されるようになると，売場面積を拡大し取扱商品も拡充していった。百貨店は 1923（大正 12）年 9 月 1 日に発生した関東大震災を境として大衆化路線を歩むようになったとされるが，その兆しは既に大震災以前の大正中期からみてとれた[6]。震災後の人々が求めたものは衣服ではなく，その日を生き抜くための生活必需品であった。かくして東京に主要店舗を構えていた三越や松坂屋は生鮮食料品や日用品を積極的に取り揃え，大衆に一層対応していった[7]。

　高度成長期には各百貨店は挙って新店舗を開業した。1964 年の東京オリンピック開催直前には小田急百貨店（1962 年）や京王百貨店（1964 年）等の電鉄系の百貨店の新規開業が続いた。その一方でダイエーやイトーヨーカ堂等のスーパーマーケットが台頭することとなり，小売業の年間売上高首位を独走してきた百貨店は，その座を 1972 年にダイエーへ明け渡すこととなった[8]。

　ここまでの百貨店の躍進の原動力となったものが衣料品部門であり，とりわけ洋服の既製服化が大きく影響を与えた。その過程でアパレル卸が積極的に売場に介入したことで既製服が定着し，従来の仕立服では数量的な限界があったものが，より多くの消費者を標的とすることが可能となり，量的な拡大が促進された。

　例えばアパレル卸のレナウンは，百貨店内に割り当てられた自社製品の売場面積の割合に応じて，目標売上高を算出し，それに基づいて商品計画をおこなった。日々の売上や在庫の管理はすべてレナウンからの派遣販売員が担当した。販売計画を達成するために他社製品は売場から追いやられ，レナウンの排他的な品揃えが形成されていった[9]。

　力を蓄えたアパレル卸への依存を一層強めることとなった百貨店は，**売場貸**

しへ極単に傾倒していった。そのような背景を理由にアパレル卸が一層台頭すると，百貨店は高額な海外アパレル・ブランドを積極的に開拓して仕入れ，品揃えの強化を図った。更に，衣料品の他にも宝飾品や高級食料品を取り揃えることでプレステージ化が進んだ。

かくして，戦前は低価格で日用雑貨品を販売するなどして顧客に訴求した百貨店は，高度成長期には店舗を大規模化・多店舗化させつつ品揃えを充実させていった。このような形でスーパーマーケットなどと業態間競争を繰り広げ，商品の高級化を志向することで差別化を図ったが，販売コストも同時に高まることとなり，それらコストの大部分はアパレル卸に吸収させたことで解決した[10]。このことは，徹底した合理化によりスーパーマーケットが価格競争力を蓄えながら成長することを阻止する手立てがなかったことを意味した。

第3節　魅力ある売場づくり

現在の百貨店の顧客は40代以上の世代が中心である。このままの構成比で推移すれば顧客の高齢化が一層加速するため，次世代顧客の開拓が喫緊の課題であり，若年層の囲い込みが急がれる。百貨店での購買習慣がないままに成長した彼らは，何か仕掛けを作って刺激を与えなければ今後も百貨店を利用する可能性が極めて低いことが懸念されている。そこで百貨店各社は，多様なライフ・スタイルや生活シーンを想定した売場を作り込むことで新たな需要を喚起しようと躍起になっている。

都心部の百貨店を中心に，10代後半から20代前半の若年層を対象にした新しい売場がここ数年の間で相次いで登場しているのは，その表れであろう。従来は，女性向け衣料品を扱う売場は衣類のみを中心とした品揃えであった。それに対して近年の若者向けの売場は，靴，アクセサリー，化粧品，生活雑貨などをまとめて陳列して，ライフ・スタイル全体をイメージできるような提案をしていることが大きな特徴である。

2008年9月に伊勢丹新宿本店地下2階に開設された「イセタンガール」は，

女子大生が目覚めてから寝るまでの365日の生活シーン別に，異なるブランドの**比較購買**ができるような設計がなされた**自主編成売場**である。衣類に限定されることなく，インナーウェア，アクセサリー，生活雑貨等の多岐に渡る商品が"カワイイ"というキーワードの下に集積している。

品揃えの基準となるのが，以下のイセタンガール5カ条であり，これらの条件に合致した商品を厳選採用することによって，当該売場の"らしさ"が保たれている。

【イセタンガール5カ条】[11]
①黒髪に合う，好感度なリアルクローズ
日本人の女の子が一番きれいに見えるファッション
②「洗練されたクラシック×カワイイ」がとても好き
親が共感するトラディショナルな要素と友達からもカワイイといわれるセンス
③「チープ＆シック」「ハイ＆ロー」
お金をかけるものにはしっかりかける。でも安くてかわいいものも大好き
④シーン演出主義
TPOに応じてファッションスタイリングを変化させる価値観
⑤お嬢様な不良
お嬢様は不良になれるが，不良はお嬢様になれない

表面上のターゲットは女子大生であるものの，彼女たちと価値観を共有するかつての伊勢丹の主力顧客であった母親世代をも取り込んで一緒に来店させることを目論んでいる。商品単価は安いものの，母親が娘の購入分を一緒に支払うことで客単価を増加させる意図が背後に透けて見える。

大丸松坂屋も，若者向けの**自主編成売場**である「うふふガールズ」を2009年11月を皮切りに展開している。例えば大丸神戸店では，婦人服の購買率が低いヤング（18〜24歳），アラウンド30（25〜34歳）を新たなターゲットに

取り込むべく,「かわいい・楽しい・かっこいい」「いつ誰と行っても楽しく,鮮度と活気にあふれる旬のトレンドファッションと雑貨のフロア」をコンセプトに掲げ,神戸らしい上質感や上品さを備えた商品を取り揃えている。
　店舗内に有名店を誘致したり,それらの店の商品を取り揃えたりすることも魅力ある集積形成に有効である。例えば三越は,全国の銘菓を集めた菓子のセレクト・ショップである菓遊庵(かゆうあん)を展開している。これは1950年に日本橋三越本店で開催され,その後現在まで毎年開催されている全国銘菓の展示即売会が大変好評であったことから,1984年に同店内に常設売場を開設したことが端緒となっている。現在では全国14店舗で展開しており,一部の商品はインターネットでも購入可能である。菓遊庵では,例えば東海道五十三次の関宿(三重県亀山市)で寛永年間より380年以上続く,深川屋陸奥大掾(ふかがわやむつだいじょう)が製造する「関の戸」を購入することができる。関の戸は,求肥で包んだ漉し餡に和三盆をまぶした餅菓子であり,鈴鹿山脈に降り積もった白雪を模している。上品な甘みが特徴の同商品は,地元で絶大な支持を集めているが,完全手作りによる製法を貫いているために販売チャネルは限定されている。商品を購入したい場合は,実店舗か近隣の道の駅関宿や名阪関ドライブイン等で求める必要があり,遠方の顧客が手にすることはなかなか難しい。菓遊庵には,このような日本各地の知る人ぞ知る銘菓が幅広く取り揃えられており,顧客に**ワンストップ・ショッピング**の利便性と買い回る楽しさを提供している。
　洋菓子店やレストラン街の充実も百貨店への集客を左右する重要な要素である。大丸神戸店地下1階の食品売り場には,ツマガリ,アンリ・シャルパンティエ,ユーハイム,ピエール・エルメ・パリ等の,地元で,あるいは世界的に有名な洋菓子店が誘致されており華やかさが添えられている。それぞれが人気の大変高い,マス媒体等で頻繁に取り上げられる店である。しかし,すべてのケーキを本店所在地に出向いて購入することは,各店舗が離れて立地しているため現実的ではない。大丸神戸店のように人気店を複数誘致することができれば顧客の来店動機にもなり,百貨店の大きな魅力のひとつとなり得る。
　近畿日本鉄道が2014年春に開業予定の超高層複合ビル「あべのハルカス(大

阪市阿倍野区）」の中核施設として入居する，日本最大級の百貨店となるあべのハルカス近鉄本店のレストラン街は，3層，11,000㎡，42店舗，2,800席で構成される[12]。百貨店利用者に加えて，オフィス利用者，ホテル宿泊者，展望台・美術館入場者，駅利用者，周辺居住者等の多様なニーズに応えるため，各フロアのコンセプトを「行きつけ，集い，古今東西」の3つに設定し，それぞれに相応しい特徴的な名店がテナントとして入居する予定である。同レストラン街は単に食事を提供することにとどまらず，食のうんちくをテーマにした各店舗別のイベント企画である「シェフズアカデミー（仮称）」の開催を予定するなど，学ぶことのできるレストラン情報発信型のコミュニティ機能を備えたものになるという。

第4節　商品同質化からの脱却と品揃え

　百貨店業界の売上高前年割れが続くのは，どの店舗の品揃えも代わり映えがせず商品が著しく同質化しているために，消費者からの支持を得ることができないことが最大の要因である。また，利益率が低い体質が長らく続いており，そこから抜け出すことができないことも，もう一つの要因である。大手百貨店のうち8割以上が，アパレル・メーカーなどへの**売場貸し**商品で占められているとされる。**売場貸し**商品は，売れ残りが発生した場合でもメーカーが引き取る仕組みであるから，百貨店側は売れ残りで損失を被るリスクが皆無である一方，利益率は低いままである。このように不動産賃貸業と何ら違わぬ経営スタイルが百貨店の今日の凋落を招いた要因である[13]。このような状況から抜け出すためには，百貨店でしか購入できない独自商品を取り扱うことができるかが命運を分ける。

　三越伊勢丹HDは**売場貸し**からの脱却を目指し，利益率の高いオリジナル商品開発を強化している。注目すべきは同社の主力商品へと成長を遂げつつある，オリジナルの婦人靴ブランドのナンバートゥエンティワンだ。同ブランドを取り扱う新宿店，日本橋店，銀座店の3店舗で年間約25,000足販売されて

いる。海外高級ブランドの靴にも匹敵する洗練されたデザインと質の高さを備えながら，当該ブランドよりも安価な価格が設定されており，パンプスならば約16,000円から20,000円の間で購入することが可能である。大変好調であり，発売から1年で婦人靴売上シェア10％を達成している。

商品開発は東京都台東区浅草にある社員4名の靴工場，ヴイ・ワンと提携して進められた。ヴイ・ワンが立地する一帯は関東地方でも有数の靴工場があることで知られており，革問屋から靴底専門の問屋までが集積している。しかし，大手メーカーが生産工程を海外へ移転したことなどの影響を受け，かつて程の賑わいは見られない。靴業界自身にも逆風が吹き付ける中，老舗百貨店へ自社製品を納入できるということは，一介の町工場にとっては願ってもないチャンスであり，商品にかける情熱と思い入れは並々ならぬものがあったという。

ナンバートゥエンティワンの開発は販売現場が起点となっており，経験豊富な販売員が顧客の足のカウンセリングを入念に行うことから始まる。特に昨今の女性に多い，足の親指が小指方向に湾曲変形する外反母趾患者からの大きな支持を集めている。当該症状がある顧客用の，親指の付け根に当たる部分にストレッチ素材をあしらった靴もそのような取り組みから生まれたが，痛みを緩和しつつ洗練されたデザインも楽しむことが可能であり大変好評である。

取り扱う商品の販売方法における創意工夫も必要である。伊勢丹新宿本店では2003年のメンズ館改装時に，従来はブース別に販売していたブランド商品をアイテム毎に並べて陳列するスペースを設け，紳士服売場は改装後の売上を2割伸ばした。この手法は2007年の本館改装時にも採択され，百貨店の顔である1階のハンドバッグ売場でも同様にブランドの垣根が取り払われた。今まで敷居の高かったブランド・バッグも手に取って確かめることが可能になり，結果として売上が3割増となった。

インターネットが充分に普及した現在では，消費者の購買エリアは非常に広範になっている。この場合，特定メーカー商品の取り扱いしかない店舗より，異なるメーカーの商品を同時に比較して購買できる店舗のほうが，消費者にとっての利便性ははるかに高い。同一百貨店内に会する個別ブランド品の場合

も同様である。もちろん，従来のブース別のブランド品販売でも**比較購買**は可能であったが，垣根を取り払った場合は，それが一層有効となる。競合商品の情報を得ることが容易かつ品数豊富な量販店で，**ワンストップ・ショッピング**する傾向が強いのもそのためである。

　かつては小売業の王様として君臨してきた百貨店だが，2011年の売上高はピークであった1991年の2/3にまで落ち込んでおり，本来あるべき百貨店の存在意義を追求しなければ生き残りはあり得ない。

　リスクを回避するあまり仕入れ先に商品の売れ残りを返品することをよしとしてきた百貨店は，やがて彼らと密接不可分な関係に陥った。わが国の民法は，商品の所有者が小売価格を自由に設定することを認めているが[14]，**返品制**を是認した百貨店は，自社で販売する商品の価格を設定する権限を自ら放棄してしまったのである。ここに日本の百貨店が低収益構造から抜け出せない要因のひとつを見出すことができる。**返品制**は委託仕入れ[15]または売上仕入れ[16]方式で百貨店が納入業者から仕入れる取引方式である[17]。したがって，たとえ自社内に陳列された販売用の商品であっとしても，それらに価格を設定することは百貨店には叶わない[18]。

　また，下代価格，すなわち卸売価格を是認してきたことも低収益構造の原因として認められる。百貨店業界では上代価格，すなわち百貨店が消費者に対して販売する際の小売価格と，下代価格の2つの価格が慣行的に採用されていた。百貨店の売場にある商品の所有権は納入業者にあるので，上代価格の設定権は納入業者にある。そのため2次的な重要性しか持たない下代価格の設定権も納入業者にあったものと思われる。価格設定権をまったく有しない百貨店は，上代価格を基準とした際の下代価格である掛け率がなるべく低くなるような交渉を納入業者と交わすことで利益の確保を図った。ただし，百貨店によって掛け率が引き下げられた場合は，納入業者の採算性が悪化するので彼らは上代価格をつり上げて対抗した[19]。商業集積には，確固たる方向性が設定され，取引の主導権が外部に牛耳られることなく，百貨店の運営主体によって掌握されているべきである。

商業者の活動の本質は物販活動にあり，**社会的な売買の集中**がそこに成立していることが重要な要件である。それに加えてその店"らしさ"が演出されていることも重要である。買い回る楽しみが加味されてこそ，百貨店の存在意義があろう。先のオリジナル婦人靴の例でも明らかなように，消費者のニーズを吸い上げる次元から主体的に関与していけるかどうかが，今後百貨店が生存できるかの鍵を握っている。そのようにして開発された魅力的な商品が消費者を力強く引きつけ，集積としての百貨店の存在感を一層高めることに貢献する。

第3章『商業集積の論理』で説明されるように，駅前に自然発生的に形成される商業集積である商店街とは異なり，百貨店は特定の主体がその下に複数の商業者を管理することで運営される小売業態である。管理主体にはそれら商業者を取りまとめる力強い能力が求められ，それを果たすことができなければ百貨店は淘汰される運命にある。

注
1)『日本経済新聞』2012年5月2日，31ページ。
2) 正札とは，掛値（かけね。値切られる金額を見込んで割増で設定された販売価格）なしの価格が表示された札である。
3) 末田 智樹『日本百貨店業成立史』ミネルヴァ書房，2010年，10〜11ページ。
4) 当時は，商品の見栄えを良くするために店内が薄暗くされており，どれだけ少ない品を出して客を満足させることができるかが番頭の腕のみせどころであった。品揃えの拡張に伴い，呉服以外の商品を取り扱うために，番頭の個人的な技量に依存しない「陳列販売方式」が登場した。（白石善章・鳥羽達郎「業態の伝播と土着化のメカニズム—髙島屋のケースを通じて—」『流通科学大学論集—流通・経営編』第15巻 第3号，2003年3月，93ページ）。
5) 藤岡 里圭「百貨店の革新性とその変容」石井 淳蔵・向山 雅夫編『小売業の業態革新』中央経済社，2009年，125ページ。
6) 末田 智樹，前掲書，15ページ。
7) 藤岡 里圭，前掲書，127ページ。
8) 同上書，128〜129ページ。
9) 木下 明浩「製品ブランドから製品・小売ブランドへの発展—1960-70年代レナウン・グループの事例—」『立命館経営学』第43巻 第6号，2005年3月，54〜55ページ。
10) 藤岡 里圭，前掲書，141ページ。
11)『日経MJ』2008年9月24日，1ページ。
12) レストラン街は2013年夏に先行開業予定。

13) 江尻 弘「百貨店返品制の考察（Ⅴ）：百貨店の経営危機を招いた返品制」『流通經濟大學論集』第36巻 第4号，2002年3月，28ページ。
14)「所有者ハ法令ノ制限内ニ於テ自由ニ其所有物ノ使用，収益及ヒ処分ヲ為ス権利ヲ有ス」（民法第206条）
15) 納入業者から商品販売の委託を受け，販売されたものに関して一定の手数料を徴収する仕入れ方式である。
16) 納入業者に売場を場貸しし，売上げた商品だけを百貨店が仕入れたとみなして売上利益の数パーセントを得る仕入れ方式である。百貨店は商品の仕入れ販売に直接関与しない。
17) 委託仕入れや売上仕入れ以外に，売買の完結により商品の所有権が移転する買取仕入れがある。
18) 江尻 弘，前掲論文，25ページ。
19) 同上論文，26〜28ページ。例えば，上代価格20,000円，下代価格12,000円，掛け率60%の百貨店利益は8,000円である。百貨店が10,000円の利益を目論んで掛け率50%を要求した場合，納入業者は対抗的に上代価格22,000円と設定することで，当初の下代価格12,000円を維持しつつ，百貨店の要求にも応えたことになると説明されている。

今光 俊介

第9章　スーパーマーケット

第1節　スーパーマーケットの理論

　スーパーマーケットの理論は，小売商業の理論のひとつであるが，セルフ・サービスを可能とする総合的な販売技術体系という点に革新的な特徴がある[1]。

1．セルフ・サービス理論

　日常的な必需品である食品を中心として，顧客自身が，ある程度の商品知識を共有しており，使用頻度も高いことが前提となる。売り場を顧客自身が見て回り，必要とする商品を選択でき，その分の節約できた販売コストを顧客に還元するというものである。こうしたセルフ・サービス方式を可能とするには，様々な販売技術の革新，新しい設備の開発が必要であった。そのひとつは，顧客自身が選べるための陳列技術である。そのための陳列機器，生鮮食品の冷蔵・冷蔵設備，プリ・パッケージのための技術と設備，売り場の配置，商品情報を提供するPOP広告技術など様々なものが必要となる。こうしたセルフ方式を導入することにより，小売りにおける省力化，効率化を達成し，小売り販売のシステム化に大きく道を拓いた。

2．ワンウェイ・コントロールの理論

　これは，商品の販売が顧客と商品との接触率に比例するということから，できるだけ店舗内を顧客が満足を持って見て回れるようにすることである。そのためには，顧客の誘導が店側の計画通りに行くようにすることが必要である。そして最後には，出口に集中したキャッシュ・レジスターで商品の精算が行わ

れるようにしている。

3. 個々の商品に対するプライシング技術

プライシングそのものは，売価技術のことであるが，その内容としては，①品目ごとに値入れ率，値幅を変える。②マスとしての販売が望める商品のプライス・ゾーンに絞り込む，すなわち**マーケット・セグメンテーション**（市場細分化）を行うことである。プライス・ゾーンは，売価の上限と下限であるが，こうした価格政策を通じて，顧客の"値頃感"を与え，購買力に変えていくのである。③ロス・リーダーを基軸としたマージン政策である。ロス・リーダーとは，要するに目玉商品である。顧客の目に止まれるような利幅を大きく切った商品を陳列し，別な商品においては，逆に利幅を大きくしたプロフィット・リーダーを配置し，マージン・ミックスを行うことである。その他にも，プライシング技術のひとつとしてオッド・プライシング政策がある。例えば，"○○・・・98円"と端数をつけた場合に顧客が抱く割安感である。

以上のように，スーパーマーケットの理論は，低コストを実現するための販売技術によるシステム化であり，これまでの対面販売という販売者の経験などが大きく売り上げに影響するという状況から科学的で効率的な販売管理を実現した点に大きな意義がある。

第 2 節　日本型スーパーマーケットとはなにか

以上のような**スーパーマーケット理論**は，アメリカで1930年にマイケル・カレンによって小売理論のひとつとして確立され，日本では高度経済成長が始まる1950年代に，本格的にチェーンストア理論，ディスカウントストア理論などとともに日本に輸入されてきた。こうした理論に現在の大手スーパーマーケットの創始者たちが大きな影響を受けた[2]。しかしながら日本のスーパーマーケット展開そのものは，多くの点でアメリカなどの欧米型とは異なった特徴を持っている。その大きな違いを生み出した要因は，スーパーマーケットの

展開が，欧米の場合，第二次世界大戦前であったのに対して，日本の場合は，1960年代に本格的に発展してきた，というタイムラグが存在していることである。

こうした日米の時代的背景＝社会的経済的環境の違いが大きい。すなわち日本の場合，理論は前述したように1950年代に輸入されたが，スーパーマーケットの業態をとる事業は，高度経済成長期に発展を遂げたのに対して，アメリカの場合，1929年のニューヨークの株式市場の大暴落に始まる恐慌期に食品類を中心とし，低価格を売りものとした革新的小売業態として登場した。こうした低価格を支えたものは，セルフサービスによる費用削減と品目別マージン率の設定である。これまでは，同一マージン率の設定が通常であったが，スーパーマーケットの場合，品目ごとに異なるマージン率を設定し，ある特定の品目には極端に低いマージン率を設定する。

日本の場合，日本型流通の特徴である卸売業（＝卸問屋）の層の厚さに依存した品揃え・仕入れ体制をとっていたことである。アメリカの場合の中間的卸売業の排除という形で展開したことと大きく異なっている。

業態的特徴の違いがある。その特徴は，「総合商社」や「百貨店」と共通する**日本的ワンセット志向**であり，食料品，衣料，家電，薬品などを品揃えし，当初から総合化をめざしていたことである。そして多店舗化，店舗拡大による量的拡大を追求した。こうした"日本的ワンセット志向"も前述の日本型流通の特徴である卸問屋に大きく依存した仕入れ方式をとってきたことと関係しているものと思われる。こうして日本型スーパーマーケットは，**総合スーパー**(GMS = General Merchandise Store) が大きな特徴となっている。もちろん食品，衣料などの顧客のニーズに合致した特定の商品カテゴリーに絞り込んだ専門スーパーもバブル期の1980年代に成長する。しかし，消費者が"商品を自ら選択する"という意識が芽生え，ブランド志向など，これまでの低価格志向の強い消費者の購買行動に変化が生まれてからのことである。

第3節　日本の総合スーパー（GMS）の歩み

　日本におけるスーパーマーケット（以下スーパーと略称を用いる）が最初に登場したのは，1953年の東京都内青山に設立された紀ノ国屋であるとされている。この紀ノ国屋は，主に外国人を対象としたものであった。その後も多くのスーパーが次々と登場したが，「スーッと出て，パーッと消えるからスーパー」と揶揄されたように50年代から60年代にかけて多くのスーパーが登場しては，消えていった。

1. ダイエー

　日本に本格的にスーパーが登場するのは，1957年の中内㓛によって大阪京阪電鉄の千林駅前店に「主婦の店ダイエー」1号店を開設したのを嚆矢とする。翌年には，神戸の三宮店が開設され，次々と関西を中心としてチェーンストア理論による多店舗を積極的に展開していった。そして，1960年代中頃からの有名な松下電器との"30年戦争"といわれた家電をめぐるメーカーとの対立，「革新をめざす流通業者は，生産者をその権力の座から引きずり落とし，流通支配権を流通業者の手に奪い返すことを目指している」（中内㓛『わが安売り哲学』）として，徹底的な"安売り"戦術をとり販売を拡大していった。1980年には，1兆円を突破し，戦後創業した日本企業の中でホンダに次いで2位の地位を占めることとなった。その後も売上げ拡大を遂げ，ついにはグループ全体の売上げが3兆円にも達した。しかし，この間，大手スーパーとの競争環境にさらされた中小小売商の経営環境が悪化し，1973年に「大規模小売店舗における小売業の事業活動の調整に関する法律」（いわゆる「大店法」）が制定され，翌年，1979年から施行された。折しも1979年は，前年の秋からの第一次石油危機に見舞われ，消費者の購買意欲は低下傾向をたどった時期でもある。こうして消費の冷え込みと大店法の施行という大型スーパーにとって"逆風"が吹きすさぶ中で，これを転機としてダイエーは，これまでの多店舗展開から新

たな方向として「業態多角化・事業の多角化」と「世界小売業連合構想」を打ち出してくる。前者に関しては，百貨店，ディスカウント・ストア，コンビニエンス・ストア，ファイナンス，外食，レジャー・デベロッパーなどの様々な業種との企業買収・合併（M＆A）を繰り返し，グループ全体の底上げをはかったのである。後者に関しては，アメリカのディスカウント・ストアで世界最大のKマートとの連携，1980年にはCGCジャパンと連携し，あらたにヨーロッパの大手小売業との連携をはかるなど低価格開発のノウハウを海外企業から吸収し，国内だけでなく，国際的な廉価商品の共同仕入れ体制構築を図った。

　ダイエーのこうした売上拡大主義を支えてきた条件として，豊富な資金の借り入れがあった。ダイエーが次々と新店舗を開設する度に，新たに土地を取得し，高度経済成長下の不動産価格の上昇によって，土地価格の上昇分を担保とした銀行からの借入れが大きな支えとなったことが知られている。

2．イトーヨーカ堂

　こうしたダイエーの成長と並んで，ほぼ同時期にスーパー展開を行ったのがイトーヨーカ堂である。イトーヨーカ堂の創業者は，伊藤雅俊である。もともと東京北千住の「洋華堂」という洋品店であったが，異父兄弟の譲が死去したことにより，1956年に，その店を引き継いだのである。その後，伊藤が1961年にアメリカに留学し，アメリカの小売業の視察を行い，スーパーチェーンの展開に大きな関心を抱くと共に，帰国してから千住店をスーパーストアに切り替え，さらに赤羽店を開設した。イトーヨーカ堂は，高度経済成長期に事業も順調に拡大したが，60年代を通じて毎年の店舗の新設は2店舗であり，1971年の2月期の売上高は464億円，店舗数は22店舗にとどまっている。また，特徴的なことは，店舗が首都圏に集中していることである。これは，ドミナント方式と言われ，高密度多店舗出店方式である。当初は，資金力の制約で首都圏に集中せざるを得なかったという面もあるが，店舗数を分散させることよりも集中させ，効率的なロジステックスを展開出来るからである。とくにイトーヨーカ堂は，後述するように1980年代に入ると「単品管理」を徹底させ，

店舗ごとの商品管理を追求し，本部一括仕入れを極力排除し，「死に筋」と「売れ筋」を明確にしたマーチャンダイジングをとってきた。こうしたことからも全国分散型の展開よりも出店を地域集中型の方が戦略上，大きな意味を持っていた。

3．ジャスコ（イオン）

ジャスコは，1969年に三重県四日市市の岡田屋，兵庫県のフタギ，大阪市のスーパーシロの3つの元呉服屋ルーツに持つ会社が合併を前提に業務提携し，翌1970年に資本金6億6,880万円で設立された。社長には，岡田卓也,副社長には元フタギ社長の二木一一，会長には，元シロ社長の井上次郎がなった。ジャスコは，70年代に入って南は北九州から北は東北地方までの地方スーパー，大型小売店を傘下に加え，全国的な規模の大型量販店として確立した。1976年には，株式市場一部上場し，事業規模の拡大に伴う資本の動員を積極的に行った。また，同年に千葉県の大手百貨店扇屋と合併し，翌年1977年には北関東最大の流通集団伊勢甚グループとの合併を行った。このような合併は，ダイエーの吸収合併と異なり，どのような弱小スーパーとも対等合併であった。こうしたことからジャスコの「連邦制経営」と呼ばれている。

一方，ジャスコは海外事業にも積極的に乗り出す。1974年にオーストラリア，ブラジルに牧場を設立し，海外からの商品供給体制を整備するとともに，1976年にはEDR（欧州預託証券）を発行し，欧州に株を間接的に上場するなど海外からの資本の動員も積極的にはかった。さらに1979年1月には，郊外型レストランのチェーン展開のために（株）コックドールジャスコの設立，3月には，大手チェーンストアと共同で海外商品調達のための輸入専門商社アイク（株）を設立，1982年3月にはカーライフの総合的な販売をめざしたオートマライフ(株)を全国に10社設立，8月には靴の大型専門店マイランドシューズ(株)設立，11月にはアメリカのゼネラルミルズ社と共同でレッドロブスター1号店オープン，1983年2月には，宝飾専門チェーン店・ニコロポール社（株）設立，その他，ブックセンター，保険，不動産事業，デベロッパー事業，サー

ビズ事業，コンビニエンスストア事業，金融事業，ディスカウント・ストア事業，物流加工事業など1970年代の後半にジャスコは急速な事業の多角化を進める。

しかし，こうした事業の多角化と並んでジャスコの経営展開の特徴は，自社系列の会社を配置しながらもショッピングセンター（SC）を設立し，集客力のある専門店やカテゴリーキラーなどと相互に協力して，SCに配置するというデベロッパー事業を推し進め，その一角に自社のスーパー事業も位置づけるという戦略をとった。

以上，代表的な3つの総合スーパーをみてきたが，こうした総合スーパーも1960年代の急成長期から80年代後半には，専門スーパーが台頭し，総合スーパーも苦戦を強いられる。そして90年代の「失われた10年」の長期不況という，いくつかの変遷を経て現在に至っている。次に，こうした状況の下で消費者購買行動の変化と総合スーパー3社の業務改革に関して述べよう。

第4節　消費者購買行動の変化と総合スーパーの業務改革

1.「大規模小売店舗法」による規制

60年代に順調に成長を遂げてきたわが国の総合スーパーは，1970年代に入り，全国展開が進展するに伴い，地方中小商店との商圏を巡って，激しい軋轢を生むこととなり，1974年にスーパーの進出を規制する**大規模小売店舗法**が新設された。この法律が施行されると，これまで破竹の勢いで全国展開を遂げつつあった総合スーパーの進展の勢いもやや下火となった。規制の対象となったのは，大都市で3,000平方メートル，中小都市で1,500平方メートル以上の売り場面積を持つ店舗であった。しかし，これによってもやや下火になったとは言え，総合スーパー全体としては，出店意欲を押さえることが出来なかった。そこで1982年2月に通産省（現在の経産省）による個別行政指導による出店規制を行い，これが"功を奏し"，それ以降，各総合スーパーの出店のテンポは緩やかとなった。

2. 不況と消費者購買行動の変化

こうした規制の強化による要因と並んで，総合スーパーの出店意欲を弱めた条件として重要なことは，1973年秋から翌年まで継続した第一次オイルショックによる不況である。さらに1979年の第二次オイルショックが加わることによって，日本経済は，長期間継続してきた高度成長から安定成長へ移行した。総合スーパーにとっては，長引く不況によって消費者の購買意欲が減退し，既存店の競争力喪失現象が顕在化した。こうした競争力喪失現象をとらえて総合スーパーのこれまでの業態が「成熟期にさしかかった」と言われている。ダイエーは総合スーパーの中でももっとも大きな前年度売上高の落ち込みを示し，1975年時点で5割を越える既存店が前年度の売上高の減少となった。上位10社合計でも「七六年二〇％，七七年三一％，七八年三五％，そして七九年には四〇％と既存店の販売力低下傾向は強まるばかりであった」[3]。

こうした消費者の購買意欲の後退によって，総合スーパー各社は，これまでのマスマーケットを対象とした**大量廉価販売戦略**の見直しに迫られた。また70年代後半以降，消費者の購買行動にも大きな変化が生まれてきた。それは，これまでの消費者の低価格志向に基づくスーパー側にとっての「売り手市場」から消費者自ら商品を選択するという消費者意識の変化である。すなわち低価格志向を維持しながらも高品質の満足度の高い商品を消費者自ら選択するという「買い手」市場への消費環境の変化が起きたのである。各総合スーパーは，これまでのような廉価販売，事業多角化，そしてショッピングセンターの設立などのデベロッパー戦略だけでは，集客力を持ち得なくなってきたのである。こうして，80年代に入って各総合スーパーは，これまでのように廉価性を武器とした大量販売主義ではなく，商品を通じて"お店が選ばれる"時代へと転換を余儀なくされた。そうした傾向は，90年代に入ってさらに強まった。

3. 大手3社の業務改革と業態転換

こうした消費者購買行動の変化に直面した総合スーパー各社は，これまでの組織自体の改革の必要性に直面し，単品管理に基づく「死に筋」の排除，「売

れ筋」の拡大を明確にし，店頭での販売から仕入れの情報システムの導入を通じて効率化とロス減らしを徹底させるマーチャンダイジングを強化した。しかし，ダイエーでは，1995年1月に発生した阪神淡路大震災によって本拠地であった兵庫県での47店舗（近畿のある店舗数が100店舗）が大きな被害を出し，それに加えて，これまで事業の多角化を進めるためのM&Aを繰り返してきた結果，多額の債務による業績の悪化が表面化し，大々的なリストラを余儀なくされた。また，これまでの地価上昇による不動産取得を担保とした借り入れ（＝いわゆる"土地神話"）も，不動産価格の下落が資産価値を減少させ，財務体質の弱体化を招いた。ダイエーは，こうした中でバブル崩壊後も様々な対応を行ってきたが，対応しきれず，ついに1兆5,000億円を越える借入金を抱え込み，2004年には産業再生機構の支援を受けるまでに至り，事実上，倒産に陥った。

　イトーヨーカ堂は，単品管理の徹底化によって1991年には，過去最高の当期純利益をあげるが，93年には業績が悪化する。そこで消費者選好の変化に対応した単品管理を進化させたメーカー，ベンダー，イトーヨーカ堂が一体となって**チーム・マーチャンダイジング**と呼ばれるシステムを構築した。これは，"川下"に位置するイトーヨーカ堂が消費者のニーズに合った商品提案を行い，それを"川上"であるメーカー，ベンダーとともに商品開発を行うというシステムである。これまでの一方的な単品管理が時代的状況に合わなくなってきたという認識の下に，企業としての効率性を追求する単品管理ではなく，消費者視点に立った戦略への転換を図ったのである。イトーヨーカ堂は，日本における最初のコンビニであるセブンイレブンの創業者である鈴木敏文が2代目社長となった時点から次々と新たな戦略を打ち出し，2011年における小売業全体での売上高が約5兆円にも達した。イトーヨーカ堂全体の中でのコンビニの営業利益は81.1％にもなり，コンビニに占める割合がきわめて高くなっている[4]。

　ジャスコは，2001年にイオン（株）と名称変更し，ショッピングセンター（SC）に自社系列の店舗を中核として，その一角に総合スーパー店舗であるジャスコを配置するという方式を徹底化させた。さらに2008年には，イオン（株）

が持ち株会社となり，事業の多角化も一層進展し，総合スーパー事業（GMS），スーパーマーケット事業（SM），ディスカウント事業（DS），「ミニストップ」などのコンビニ事業などの小売事業のみならず，「(株)くすりの青木」などのドラッグファーマーシー事業，総合クレジット事業，さらにアセアン事業，中国事業などの海外事業など様々な事業を旺盛に展開してきた。こうした事業の中心に「イオンモール」などのデベロッパー事業を基盤に消費者の個性化・多様化するニーズを的確にキャッチし，消費者の商品選択力の増進に対応する商業集積力の強化・拡大戦略を選択したのである。その結果，2011年度はイオングループ全体で営業収益が5兆2,000億円にも達した。こうしてジャスコは，イオンと名称を変更し，従来から効率性の悪い店舗の廃止と新しい業態の新店舗の開設など**スクラップ・アンド・ビルト**を繰り返し，さらに本業である小売業以外の収益性を高めるなど積極的な企業展開を続けている。ジャスコの本業である小売業以外の「その他営業収入」の割合が高く，ダイエー，イトーヨーカ堂の大手総合スーパー2社と比較しても，2007年度で見ると，それはジャスコの約8％弱に対して，それぞれ6％弱，2％弱となっている。これらの「その他営業収入」は，SCなどのデベロッパー事業によるテナント収入や金融業，卸売業などのサービス業による収入が大きい。

第5節　小売業態転換の理論

　3つの代表的な総合スーパーのやや長期的な観点から見てきたが，以上のことから明らかなように，総合スーパーも時代的な社会的・経済的環境の変化の中で様々な対応を迫られ，業態の転換を行ってきた。その最大の規定要因は，消費者行動の変化であろう。1960年代の日本経済の高度成長期には，73年までの期間，GDP平均対前年度増減率約9.4％となり，きわめて高い成長率であった。国内消費需要も旺盛に拡大し，画一的なマス・マーケットが形成されたが，70年代後半から消費者ニーズの多様化・個性化が顕著となり，これまでの「マス化・集中化・標準化」から「小規模化・個人化・分散化・多様化」が進行する。

こうした消費者ニーズの変化に支えられ，消費者行動にも変化が現れる。諸消費者自身が情報力を有し，要するに**市場細分化**が進行し，マンネリ化した既存の店舗，商品は飽きられ，これまでの吸引力を失ったのである。
　変化した環境への適応力を失う事態に各社とも陥り，前述したように業務の改革と業態の転換に迫られた。このような業態転換の説明できる理論としては，マクネアの小売の輪の理論，ニールセンの真空地帯理論がある。

1. 小売の輪の理論

　アメリカの経営学者マクネアが提唱した理論で，小売りの新業態の多くは，必ずディスカウントで参入し，高回転率の商品に低サービスと低コストで既存の小売業に対し，競争的優位に立つが，模倣者が登場し，低価格は優位な差別化戦略とはならなくなる。そこから非価格的競争が展開され，このディスカウントで登場した小売業者も高級化・高価格化・低回転率・高マージンとなる。こうして，再びビジネスチャンスが生まれ，そこへ新たな業態革新の参入機会が生ずるというものである。小売業者間の競争という視点から業態転換を説明したものである。実際にも大手総合スーパーは，かつての"安売り"販売拡大主義がいわゆる"百キン"と呼ばれる100円ショップなどから新たな参入を受け，高級ブランドなどの品揃えを行っており，中高所得者向けのマーケティングを積極的に展開している。

2. 真空地帯理論

　デンマークのニールセンの**真空地帯理論**は，マクネアの**小売の輪理論**を発展させたものである。先ほどのマクネアによれば，低価格・低サービス・高回転率で新規に参入したイノベーターは，競争激化の中で高価格・高サービス・低回転率の小売業態へ移行するが，新しい低価格・低サービス・高回転のイノベーターが登場するということであった。しかし，必ずしも低価格競争がイノベーターを登場させるとは言えない。今日では，初めから高価格・高サービス・低回転率の機会をねらった参入も存在する。したがってアメリカのような大量生

産・大量販売・大量消費の社会であれば，こうした理論が当てはまるであろうが，少量多品目生産・販売・消費の今日的な日本社会のような環境では当てはまらない。そうした問題点を克服するためにニールセンの真空地帯理論が存在するのである。

　ニールセンは，小売業の競争関係に**消費者の選好**を入れる。先ほどの低価格・低サービス・高回転率の小売業態にシフトする消費者選好と，他方，高価格・高サービス・低回転率の小売業態にシフトする消費者選好の間に，真空地帯が生まれ，新たな業態の小売業が参入するのである。複雑化する今日の消費者ニーズと市場の細分化の進行は，ニールセンの言うような状況が小売業態の転換をより説明できると言うことができよう。

注
1) 折橋 靖介『産業界シリーズ No.641　スーパー業界』教育社新書，1995 年，15 ～ 16 ページ。
2) ダイエーの中内 巧，ジャスコの岡田 卓也，イトーヨーカ堂の伊藤 雅俊，2 代目社長の鈴木 敏文は，何度もアメリカを訪れ，アメリカの小売業の成長を目の当たりにし，その事業理論から学んでいることはよく知られている。
3) 折橋 靖介，前掲書，114 ページ。
4) 神戸大学経営学部 三品 和広＋三品ゼミ著『総合スーパーの興亡』東洋経済新報社，2011 年，161 ページ。

長谷川 建二

第10章　コンビニエンス・ストア

第1節　コンビニエンス・ストアの起源

1.　コンビニエンス・ストアの起源

　コンビニエンス・ストア（convenience store，以下コンビニと略す）の歴史はアメリカで始まった。コンビニが登場した1920年代後半のアメリカでは，都市部における単身世帯の増加，人口の郊外への移住，女性の社会進出など新しい社会現象が起きた。当時，各家庭に冷蔵庫は普及しておらず，**スーパーマーケット**（supermarket，以下スーパーと略す）もまだなく，人々の買物先は，小規模な食料品雑貨店であった。しかし，これらの食料品雑貨店は営業時間が短く，日曜日には宗教上の理由から休業していた。このようなことから，消費者は，時間的な便利性，距離的な便利性，品揃えの便利性といった新たな小売業態[1]を望んでいた。

　アメリカのテキサス州で氷の製造販売を営んでいたサウスランド・アイス社の店舗マネジャーは，1927年に，消費者の要望に応えるため，毎日16時間の長時間営業に乗りだし，本業と関連性のない牛乳，パン，卵などの商品も扱い，顧客の好評を得た。そして，46年には，朝7時から夜11時まで毎日営業するチェーンとして，営業時間にちなんで店名を「7-ELEVEN」と変更した。この時，さまざまな生活必需品をコンパクトに品揃えする長時間営業の小型店舗というコンビニ業態のコンセプトが，明確に確立された[2]。すなわち，時間的便利さ，距離的便利さ，品揃え的便利さを特徴とする新しい小売店が登場した。

2. コンビニの定着

　アメリカの人口は 1940 年代までは，まだ都市部に集中していたため，郊外に立地していたコンビニはそれほどの発展を見なかった。しかし，やがて 50 年代になると，全米的な都市・郊外の再編成のなかで一躍脚光を浴び始め，特に地域開発計画に伴って発展し始めた。もっとも，この業態の発展の速度は非常に遅かった。例えば，コンビニが誕生してから 30 年後の 1957 年では，その店舗数はわずか 500 店舗にすぎなかった。ところが，セブン‐イレブンをはじめとする日本のコンビニは，60 年代から 70 年代半ばに急成長し，75 年には 25,000 店舗を超えた[3]。

　そして，アメリカでは 1970 年代半ば以後，スーパーが営業時間の延長，精算時の待ち時間の短縮などを進め，コンビニは「便利性」の優位性を失った。80 年代以後人口の都心への回帰現象が見られ，都心型のコンビニが開発されるようになり，郊外立地型より惣菜やテイク・アウト食品を充実させたが，80 年代後半には，多くのコンビニが，多角化経営戦略などの失敗により経営難に直面した[4]。そのため，90 年代に多くのコンビニは経営再建を行い，業態の特徴である**利便性**というコンセプトを修正したことで，その成果が現われた。

　アメリカにおけるコンビニ誕生の主な要因について，田内・高丘は以下のように分析した。まず，スーパーなどの大型店での買物の所要時間が必要以上にかかる不便さである。また，家から店舗までの距離が長く，駐車場が広すぎて，レジの待ち時間が長く，店舗が大きく品揃えが多いため自分の欲しい商品を探すのに苦労するといった点が指摘された。次に，店舗規模が大きく人間的接触が欠けている点も指摘された[5]。すなわち，スーパーや既存の小売業態が「いつでも」，「近くで」，「さまざまなもの」が買えるといった消費者のニーズをカバー得ない真空地帯が生じ，この市場の真空地帯を埋めるためにコンビニがアメリカで登場し，消費者のニーズに迅速に対応しながら発展したのである。

第2節　日本におけるコンビニの生成

1．コンビニの生成

　コンビニ業態が日本で登場した1960年代後半には，高度経済成長を背景にスーパーが急成長した。その当時，スーパーの出店で大きな打撃を受けていた多数の食料品小売業者は，店の存続を不安視していた。そこで，政府は，大型店化しているスーパーの脅威から中小小売業者を保護すると共に，彼らに対してコンビニへの業態転換に向けて積極的な行政的支援を行った。

　また，卸売業者は得意先である中小小売業者保護のために，大手スーパーは，中小小売業者による大型店出店に対する反対運動に対応するために，小規模店舗のコンビニ・チェーン化に積極的に乗り出した。それと同時に，女性の社会進出に伴う買物時間の変化，消費者の好みの洋風化や生活の合理化など，若者を中心とした消費者ニーズの変化も現われた[6]。こうして，コンビニは，既存の小売業態をカバーできない政府と企業，また消費者のニーズに応じて日本で伝播し始めた。

　日本における最初の実験店舗は，マイショップとKマートによって1969年と70年に相次いで開設された[7]。そして，72年には，**ボランタリー・チェーン**（voluntary chain，以下VCと略す）や**フランチャイズ・チェーン**（franchise chain，以下FCと略す）といった特定連鎖化事業の振興策を打ち出した中小企業庁が，『コンビニエンス・ストア・マニュアル』[8]を刊行した。他方，小売業態のダイナミズムが，スーパーを巻き込んで新たな展開をみせた。スーパーは，石油ショック以後経済安定成長へ移行するとともに，販売競争の激化からその成長が鈍化し始めたのである。それに決定的影響を与えたのが，73年に成立した大規模小売店舗法だった。流通近代化の推進役として自由な出店が許されてきたスーパーに，初めて出店規制の歯止めがかけられた。スーパーを軸とした小売業態のダイナミズムは，方向転換を迫られた。

こうして，小売業における**業態の多様化**の時代が始まった。1973 年，西友が埼玉県の狭山で実験店舗を開設し，74 年 5 月イトーヨーカ堂が「7-ELEVEN」を開業した。そして，新業態開発ブームが本格化した 80 年代までに，ニチイを除く大手スーパー 6 社がすべてこの業態に参入した。他の異種業態資本，ベンチャー・ビジネス的資本の参入がこれに続いた[9]。このように，日本におけるコンビニは，中小小売業者の経営活性化とスーパーの成長戦略の転換という 2 つの背景が絡み合って，独自の発展を遂げた。

　そもそもコンビニエンス・ストアは，文字通り便利な店で，消費者に対する利便性の提供を最大限に追求する小型の小売店である。コンビニの定義にはいろいろあるが，経済産業省の商業統計における業態分類では，コンビニは，「セルフサービス方式を採用している飲食料品を取扱っている事業所で，売場面積が 30㎡以上 250㎡未満，営業時間が 14 時間以上の事業所をいう」と定義されている。すなわち，**セルフ・サービス**の営業形態を基本とし，営業時間が長く，主に住宅地に立地し，飲食料品，日用品を品揃えし，小規模の店舗で，消費者に便利さを提供する小売業態である。

2．コンビニの仕組み
（1）店舗の経営形態

　すでに述べたように，コンビニは，利便性を消費者に提供する小規模店舗であるため，規模の経済性や効率性を追求する必要があり，それを満たすために考えられたのがチェーン化であった。日本のコンビニの経営形態は主にチェーン展開によるもので，その代表的な形態は 3 つある。1 つ目は，**フランチャイズ・チェーン**（FC）方式である。**FC** とは，**本部企業**（フランチャイザー）による運営の計画，指導，管理のもと，契約を結んだ**加盟店**（フランチャイジー）が商標や商品・サービス，経営のノウハウを受け，販売活動を行う経営形態である。

　2 つ目は，**ボランタリー・チェーン**（VC）方式である。**VC** とは，商品の共同仕入れを目的として，小売業者や卸売業者が組織化した経営形態である。3 つ目は**レギュラー・チェーン**（regular chain，以下 RC と略す）方式である。

RCとは，単一の法人格のもとで直営店を多店舗展開する小売業の組織形態である。すなわち，FCは，独占販売の権利をもつ加盟店方式で，VCは個々の資本的独立を保ったまま規模のメリットを享受する方式で，RCは本部との一体感が強い方式である。コンビニの経営形態の主流はFCであり，セブン‐イレブン・ジャパン，ローソンなどのコンビニは主にFCの形態を採用している。

（2）出店戦略

コンビニの出店戦略は，基本的に**高密度多店舗出店方式**で，いわゆるドミナント（dominant）方式である。**ドミナント方式**とは，小売業がチェーン展開をする際，出店地域を特定し，その特定地域内に集中した店舗展開を行うことである。ドミナント戦略を実施している代表的な企業は，セブン‐イレブン・ジャパンである。コンビニ最大手の同社は，2011年6月末の時点で，13,334店を有し，その出店エリアは，47都道府県中39都道府県である。すなわち，特定のエリアに対する高密度多店舗の出店という戦略で，27都道府県では，100店舗以上を出店するという経営体制である。これに対して，2番手のローソンは他社が出店してない空白地に展開していく方式で，全都道府県全てに出店している。

ドミナント方式は，店舗経営にとって多くのメリットがある。例えば，①チェーンの認知度の向上，②顧客の来店頻度の向上，③物流効率の向上，④広告・販売促進効率の向上⑤経営相談サービスの質の向上[10]が得られる。しかし，近年では，コンビニの市場飽和状態が続き，魅力度の高い出店地域を巡る出店競争が激化していることから，ドミナント方式の優位性は少しずつ失われているのが現状である。

（3）物流システム

一般的なコンビニは，売場面積が250㎡以下で，商品の品揃えは約3,000品目である。店舗に敷地が狭いため，余分な在庫をほとんど持たない。コンビニの経営を支えているのは，効率的な物流システムで，いわゆる多頻度小口配送である。多頻度小口配送とは，メーカーや卸売業者が少ない量の商品を小売店に頻繁に輸送・納品することである。この多頻度小口配送は，トヨタ自動車

の生産方式である**ジャスト・イン・タイム**（Just In Time）を手本にしたものである。これは，「必要な時に，必要なモノを，必要な量だけ」供給するという考え方である。

消費者ニーズに対応するための多頻度小口配送は，日本型流通の特色とされてきた。多頻度小口配送を実現させたのは，①ドミナント出店，②温度帯別共同配送，③取引先の集約，④情報システムでの支援というコンビニの仕組みである。しかし，多頻度小口配送は，コンビニの在庫と欠品の抑制が可能である一方，納入業者の物流面での負担が重くなる。また，多頻度小口配送は，CO^2 排出量の増加へとつながっている。そのため，生産拠点・物流拠点の集約化，配送の仕組みの見直しが行われている。

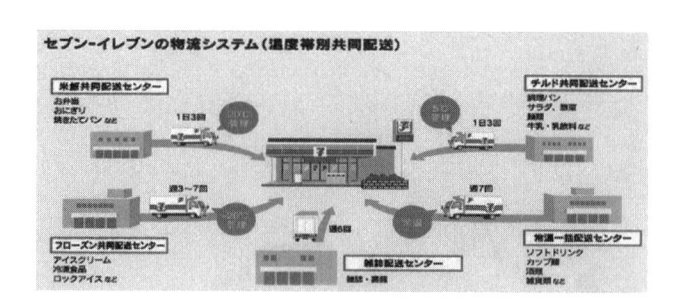

図 10-1　セブン - イレブンの物流システム（温度帯別共同配送）

出所：セブン - イレブン『セブン - イレブンの横顔 2011-2012』12 ページより作成。

（4）情報システム

小売業は，商品の仕入れ，在庫管理，販売などの管理業務に最も手間がかかる。コンビニのような小規模店舗では，効率的な管理業務を行うことが一層求められる。そのため，コンビニは，日本に導入された直後から情報システムの構築を積極的に行なってきた。代表的な情報システムは，販売時点情報管理システム，いわゆる POS（point of sales）システムである。**POS システム**とは，店舗で商品を販売するごとに商品の販売情報を記録し，集計結果を在庫管理や販売促進として用いるシステムのことである。このシステムは，緻密な在庫・

販売促進として用いるシステムのことである。このシステムは，緻密な在庫・受発注管理ができるほか，複数の店舗の販売動向を比較し，天候と売り上げを重ね合わせて販売傾向をつかむなど，他のデータと連携した分析・活用が容易になる。

　セブン‐イレブン・ジャパンは，1978年から情報システムの構築を積極的に行ってきた。82年には世界で初めてマーチャンダイズ・マーケティングにPOS情報を活用した。これが，商品の発注精度の向上と欠陥防止に大きく役立ち，個店対応と単品管理の深耕も可能となり，共同配送の推進などの成果が顕著に表れた[11]。単品管理とは，商品の売れ行きを「単品」ごとに見極めることで，**売れ筋商品**が品切れを起こさないようにすると共に，**死に筋商品**を売り場や在庫から排除する商品管理手法をいう。

　消費者ニーズ多様化の時代には，商品のライフサイクルが短縮化しているため，売れる商品を見極めることが重要である。そこで商品1品ごとの動きを管理し，データで検証しながら次の発注の精度を高める「単品管理」という手法が不可欠である。これを徹底化するため，セブン‐イレブン・ジャパンでは，マルチメディアを活用した最先端の店舗システムを構築し，店舗での発注業務に加え情報の収集・共有化をバックアップしている。また，加盟店，本部だけではなく，メーカーや取引先やその生産ライン，共同配送センターともオンラインで結ばれている。同社の着実な成長を支えている基盤は，大規模の情報ネットワークの確立である[12]。

第3節　日本におけるコンビニの発展

1．セブン‐イレブン・ジャパンの役割

　日本におけるコンビニ事業の本格的な展開は，セブン‐イレブン・ジャパンによるものである。1973年12月にイトーヨーカ堂が，当時すでに全米で4,000店舗を展開していたアメリカのコンビニ・チェーンであるサウスランド社と業務提携し，ヨークセブン（現セブン‐イレブン・ジャパン）を設立した。そして，

74年5月，セブン - イレブン・ジャパンの第1号店を東京都江東区豊洲にオープンした。その後，同社は，中小小売店経営の近代化・活性化と大型店との共存共栄の実現を目指しながら，国内の実情を踏まえた本格的なFC方式を確立した。

セブン - イレブン・ジャパンは，アメリカのコンビニ経営のノウハウを吸収しながら，同時に日本の既存流通システムを利用して独自のシステムに発展させ，急速に成長した。1991年には，経営危機に陥ったサウスランド社を買収し，大きな話題となった。しかし，順調な発展を遂げてきたコンビニも，90年代後半からチェーン間の競争激化や**100円ショップ**，**ドラッグ・ストア**，**スーパー**などの他業態との競合，長引く消費低迷の影響などにより，企業間の格差は広がりつつある。こうした状況のもとで，総合商社の資本参加など，業界再編の動きも活発になっている。

セブン - イレブン・ジャパンは，サウスランド社からコンビニのノウハウを吸収したが，同時に日本の既存流通システムを利用しながら，独自のシステムを発展させた。①フランチャイズ・システム，②物流システム，③情報システムがそれである。同社は，業態革新，協業体制の確立，経営情報システムの構築というシステムを作り上げ，業界のリード役を演じ続けている[13]。こうした動きに対して，同業各社はすぐさま追随し，この業態の持続的な成長へとつながっている。

図10-2　同社の店舗数の推移

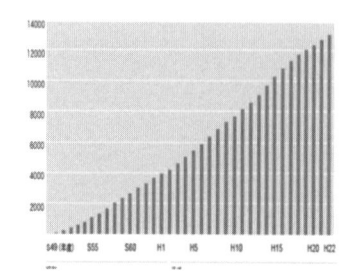

図10-3　同社の売上高の推移

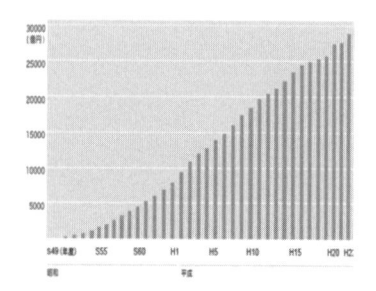

出所：同社のホームページより作成。

2. 小売業の主要な業態への成長

大手小売企業の相次ぐ参入，積極的なチェーン展開により，日本のコンビニの店舗数は，図10-4が示すようにほぼ増加傾向である。店舗数全体の増加率の推移を基準にすれば，この業態はライフサイクルの導入期と成長期を経て，成熟期に入ったことがうかがえる。すなわち，1969年のコンビニ業態の誕生から76年のセブン-イレブン・ジャパンの100店舗達成までが導入期であり，77年から90年までが成長期で，91年からが成熟期である[14]。

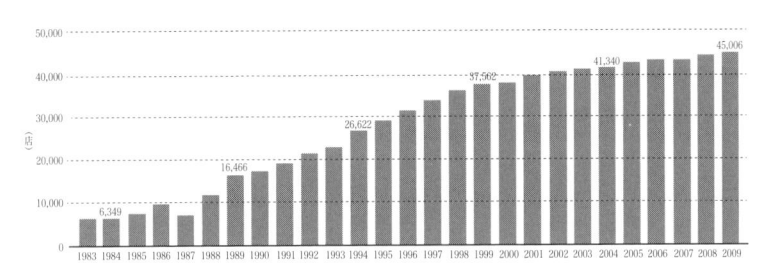

図10-4 コンビニの店舗数の推移

出所：社団法人日本フランチャイズチェーン協会「2009年度JFAフランチャイズ統計調査」（2010年10月発表），ローソン「LOWSONアニュアルレポート2011年」21ページより作成。

1990年代あたりを境に，コンビニ店舗の過密化や他業態の攻勢，長引く経済不況の影響で，業界の急成長にブレーキがかかり始めた。2000年に入ると，コンビニ全体の成長率はさらに鈍化し，大手チェーンの出店競争は一段と増し，中小チェーンの業績低迷がより鮮明になっている。そして，08年の金融危機による景気低迷を受けて，大手コンビニも減収・減益に転じるという「冬の時代」に突入した。コンビニ各社は，生き残りをかけたさまざまな戦略を手掛けている。例えば，オリジナル商品の開発，**プライベート・ブランド**（private brand）商品の発売，新しい生活関連サービスの提供，ネット通販との連携，金融の拠点化などである。

一方，2011年の東日本大震災により，最も身近な小売拠点としてのコンビニの重要性や利便性が改めて再認識された。そのため，表10-1のようにセブ

ン・イレブン・ジャパン，ローソン，ファミリーマートのコンビニ大手3社の12年2月期の業績は，売り上げ，利益とも伸びた。ローソンアニュアルリポートによると，小売業におけるコンビニのシェアは，00年の4.8％から，10年の6％に上昇した。また，セブン-イレブン・ジャパン，ローソン，ファミリーマート，サークルKサンクスの4社のシェアも01年2月期の69.1％から，11年2月期の86.2％へと大きく増加した[15]。コンビニにおける上位集中度がさらに高くなり，大手中小の両極化が一層顕著になっている。特に，セブン-イレブン・ジャパンの競争力が著しく高く，客単価，平均日販，利益率などの経営指標はいずれも一位を維持しているのが特徴的である。

表10-1　大手コンビニの店舗数と売上高（2012年2月期）

順位	企業名	系列	店舗数（店）	売上高（億円）
1	セブン・イレブン	セブン&アイ・HD	14,005(5.8%)	32,805 (11.3%)
2	ローソン	三菱商事	10,310 (4.6%)	18,258 (8.5%)
3	ファミリーマート	伊藤忠	8,834 (7.1%)	15,347 (6.5%)
4	サークルKサンクス	ユニー	6,169 (-1.7%)	-9,798 (6.1%)

注：①ファミリーマートは国内エリアフランチャイザー4社を含む。②サークルKサンクスは99イチバを除く。
出所：各社のホームページより作成。

第4節　コンビニ各社の海外進出

1．海外進出

　大手コンビニ企業の海外進出も1990年頃から，活発になっている。まず，ファミリーマートは，88年に台湾企業とエリアフランチャイズ契約を締結し，現地での店舗展開を開始し，セブン-イレブン・ジャパンも，89年にサウスランド社のハワイ事業部を買収した。また，90年にはミニストップとファミリーマートが，韓国企業に技術システムを供与した。さらに，91年にはセブン-イレブン・ジャパンが，コンビニの生みの親でもあり消費者ニーズの対応や多角化事業の失敗などの要因で経営危機に陥ったサウスランド社を買収し，

日本で構築された独自の経営ノウハウを導入し，その経営再建に成功した[16]。2000年代に入ると，大手各社による東南アジアへの進出が一層加速している。特に，セブン - イレブン・ジャパンが最も積極的で，図10-5，表10-2が示すように，12年6月末時点で，15ヶ国に進出し，海外での店舗数は33,067店，日本の14,231店を遥かに超えている。

図10-5　セブン - イレブンの総店舗数

日本	14,807	台湾	4,852	スウェーデン	189
アメリカ	8,068	タイ	6,822	デンマーク	197
	(内ハワイ59)	フィリピン	829		
メキシコ	1,498	マレーシア	1,407		
カナダ	477	シンガポール	570		
韓国	6,986	インドネシア	117		
中国	1,919	オーストラリア	595	合計	49,494
	(内北京200)	ノルウェー	161		

(2012年12月末現在)

出所：セブン - イレブンのホームページより。

2. 中国への進出

1990年代半ば以後，コンビニ各社は，巨大市場である中国に着目し始めた。表10-2が示すように，コンビニ各社は中国に積極的に出店している。ローソンは，96年にさきがけて中国に進出し，上海，重慶，大連の3都市で389店舗を展開している。そして，セブン - イレブン・ジャパンは，04年1月にセブン - イレブン北京を設立し，4月に北京での第1号店を開業した。また，同年ファミリーマートはセブン - イレブンの後を追うように，上海を中心に出店している。ミニストップは，09年青島市に出店した。現在セブン - イレブンの店舗数が一番多く，単店ごとの売上高や利益率もダントツである。

表 10-2 コンビニ各社の海外進出

社名	店舗数	進出国数
セブン-イレブン・ジャパン	33,067（うち中国 1,848）	15ヶ国
ローソン	454（うち中国 389）	3ヶ国
ファミリーマート	11,952（うち中国 952）	6ヶ国
ミニストップ	2,188（うち中国 40）	4ヶ国

注：セブン-イレブン・ジャパンの店舗数は 2012 年 6 月時点のもので，他の 3 社は 2012 年 7 月末時点のデータである。
出所：各社のホームページより作成した。

　日系コンビニの中国進出により，その先端的な経営ノウハウは，すぐさま国内系コンビニ企業の手本となり，業態革新が急速に進んだ。最初は日系コンビニの標準的な店舗経営の仕組みを極力模倣し，その後商品販売との相乗効果を期待し，日系コンビニのように多様なサービスの提供も導入した。そのため，中国におけるコンビニ経営のレベルが急速に向上し，コンビニ文化は若者を中心に少しずつ定着し始めている。

　このように，ファストフード中心の商品戦略，単品管理，情報システム，協力的配送システムの導入など，日本で構築された独自のコンビニ・モデルがこの業態をさらに発展させた。こうして，米国で生まれ，日本で高度化された「ジャパン・コンビニ」は，多くの国々に登場し，特にアジア各国の小売業における成長業態の代名詞となりつつある。

注

1) 業態とは，小売業の販売方法や経営方法といった営業形態である。業態店としては，百貨店，スーパーマーケット，コンビニなどがある。
2) 矢作 敏行『コンビニエンス・ストア・システムの革新性』日本経済新聞社，1994 年，37 〜 38 ページ。
3) 木下 安司『コンビニエンスストアの知識』日本経済新聞社，2002 年，24 ページ。
4) 川辺 信雄『新版セブン-イレブンの経営史』有斐閣，2003 年，32 〜 77 ページ。
5) 田内 幸一・高丘 季昭『コンビニエンス・ストア』日本経済新聞社，1975 年，42 ページ。
6) 矢作 敏行，前掲書，39 〜 41 ページ，金 顕哲『コンビニエンス・ストア業態の革新』有斐閣，2001 年、19 〜 25 ページ。
7) 矢作 敏行，同上書，39 ページ。
8) 川辺 信雄，前掲書，121 ページ。

9) 川辺 信雄, 同上書, 129 〜 136 ページ。
10) セブン - イレブン・ジャパン「セブン - イレブンの横顔 2011-2022」7 ページ。
11) セブン - イレブン・ジャパン「セブン - イレブン徹底解剖 情報システム」, http://www.sej.co.jp/company/aboutsej/info.html（2012 年 8 月 22 日アクセス）。
12) 同上。
13) 川辺 信雄, 前掲書, 194 ページ。
14) 金 顕哲, 前掲書, 19 〜 31 ページ。
15) ローソン「LOWSON アニュアルレポート 2011 年」21 〜 22 ページ。
16) 金 顕哲「コンビニエンス・ストアの日本的展開とマーケティング」マーケティング史研究会編『日本流通産業史』同文舘, 2001 年, 19 〜 21 ページ。

柯　麗華

第11章　専門店

第1節　専門店の定義

　専門店の定義は，経済産業省による**商業統計調査**の業態分類により，取り扱い商品の90％以上を占める非セルフサービス店であり，「衣料品」，「食料品」，「住関連」専門店に大別される。

　衣料品は，一般にいう衣料品（洋服，下着）のほか，呉服，服地，寝具，履物，かばん・袋物，小間物，化粧道具などを含む。食料品は，一般にいう食料品や飲料であり，生鮮食品，加工食品，惣菜など。住関連は，自動車（新車，中古車），自動車部品・用品，二輪車（モーターバイク），自転車，家具，じゅうたん，カーテン，建具，畳，宗教道具（仏具，線香，仏壇など），電気機器，事務機器，金物，荒物，陶磁器，ガラス製品，医薬品（調剤薬局含む），化粧品，農業関係（農業機械器具，種苗，肥料，飼料），ガソリンスタンド，非石油系燃料，書籍，文房具，新聞，スポーツ用品，玩具，楽器，カメラ，写真材料（写真撮影フィルムなど），時計，メガネ，その他光学機器，タバコ，喫煙具，花，植木，ジュエリー（宝飾品），ペット，ペット用品，骨董品，中古品など，品目別に細分されている。

　これらは，**業種**としてのいわば「専業店」であり，中小零細の単独店舗が中心となっている。商業統計調査によれば，小売店舗数は1985年から減少しているが，減少した多くの小売店は商店街に立地する伝統的な零細専業店である。衰退の理由としては，経営者の高齢化と後継者不足や品ぞろえ，価格，販売方法など特徴が見いだせないことなどがあげられる。

　また，専門スーパーとは，セルフ販売，売場面積250㎡以上で，その専門とする商品販売額が70％以上をしめる事業所であり，衣料品スーパー，食料品

スーパー，住関連スーパーと分類される。ホームセンターは，住関連スーパーのうち，金物，荒物，苗・種子が70%未満となっている。

一方で，取り扱い商品と売り方を専門化した業態としての専門（量販）店は，郊外にあるいはターミナル駅近くに大規模な店舗とチェーン展開により売り上げを伸ばしてきている。

第2節　専業店と専門店

「商業統計調査」では，ドラッグストア，ホームセンター，無店舗小売業は業種として定義されており，家電大型専門店は**業態**として定義されている。ドラッグストアとは，セルフサービス方式を採用し，産業分類「医薬品・化粧品小売業」に格付けられ，一般用医薬品を扱っている事業所である。ドラッグストアに格付けられる事業所はすべて，医薬品・化粧品小売業に含まれている。そのため，ドラッグストアは医薬品・化粧品小売業の内訳業種と捉えることもできる。ホームセンターは，中分類「その他の小売業」に格付けられ，金物，荒物，苗・種子のいずれかを扱うセルフサービスで，売場面積が500㎡以上の事業所とされている。家電大型専門店は，産業分類「電気機械器具小売業」，「電気事務機械器具小売業」に格付けられ，売場面積が500㎡以上の事業所とされている。

1. 専門化

専業店は，何を売るかの発想から始まる**商品の専門化**である。専門店は，顧客のどのようなニーズにどのように応えるかという**顧客の専門化**である。

2. 品揃え

（1）ライフスタイル対応

専業店は，品種ごとに多品目の商品構成を行い，多くの顧客に販売するよう品揃えする。専門店は，対象とする顧客の**ライフスタイル**に合わせて多品種の品揃えを行う。品種数は多くなるが，品種ごとの色やサイズなどの品目数は絞

り込まれる。これによって，用途面での購買選択肢が増えるとともに顧客一人一人のトータルコーディネートが実現できる。

(2) 狭く・深く

専門店は，商品の種類を限定し，品種ごとの色やサイズなどの品目数を広げる。品揃えの深さで専門的かつ豊富な商品を提供する。商品の種類を限定するという点では専業店と似ているが，専門店における品種の絞り込みは，顧客のいかなるニーズにも対応するという点での専門性がある。

(3) 業態としての専門店

商店街に立地する洋品店，靴店，電器店，書店，薬店などは，伝統的な業種としての専門店であり，多くは零細店である。一方で，衣料品，家電，カメラ，靴，眼鏡，玩具などの，取り扱い商品の品揃えを専門化した大型専門店がチェーン展開をしており，**カテゴリー・キラー**と言われている。カテゴリー・キラーとは，特定分野の商品群において圧倒的な品揃えを行い，低価格大量販売をする小売業のことであり，カテゴリー・キラーが出店すると，商圏内の競合店の当該カテゴリーの売上高が極端に低下し，取り扱いを止めてしまったり，部門廃止や縮小に追い込まれていったことからこの名前が命名された。アメリカで生まれ，1980年代から急成長し短期間のうちに力を増したチェーンのカテゴリー・キラーは，デパートや**GMS（量販店）**等の既存の業態が幅広く扱っていた商品の各分野を専門特化した品揃えをし，価格でさらに競争力を付けた業態群のことを指す。

本章では，カテゴリー・キラーとして，衣料品（カジュアルウエア）専門店のユニクロと家具店から業態変換してきているニトリについて取り上げる。

第3節　ユニクロ

1. SPA

SPA とは，米国のファッション専門店「GAP」が1986年に発表した「Specialty store retailer of Private label Apparel」の頭文字の略称で製造小

売業といわれている。SPA の条件として，GAP は，①創造性とデザイン性に富む商品を開発し，②それらを自らのリスクで生産し，③価格決定権を持ち，④店頭ではコーディネートされた演出と，⑤知識ある販売員の第一級のサービスを提供する，としている[1]。

ユニクロは，企画から生産・販売までを一貫して行う SPA というビジネスモデルの典型である。独自商品の開発による他社との差別化，販売状況に応じた機動的な生産調整，賃料や人件費を抑えたローコストな店舗経営に磨きをかけ，「高品質で低価格の商品」を提供している。

2. ユニクロのビジネスモデル

(1) R&D（Research & Development）

世界の最先端のファッションやライフスタイル，新しい素材の情報などを常にリサーチし,商品の発売の約1年前には，それらの情報をもとにした「コンセプト会議」が開かれる。コンセプト会議では，R&D のデザイナーとマーチャンダイジング（MD）・マーケティング・素材開発・生産部門の各担当者たちが議論を重ねて，秋冬・春・夏の各シーズンのコンセプトを決定する。その後，決定されたコンセプトに沿って，デザイナーたちがデザイン起こし，デザインサンプルを作成する。デザイン決定後もさらに色やシルエットの微調整を複数回行う。

(2) 素材開発・調達

世界中の素材メーカーと直接交渉することで，「高品質」「大量安定調達」「ローコスト」を実現している。なかでもコア商品の素材開発は，特に重要だと考えており，例えばデニムについては，世界中のデニムメーカーから高い評価を受けているカイハラ株式会社から，ユニクロ仕様で紡織・染色したデニム生地を調達している。また，ヒートテック，シルキードライのような機能性新素材を東レ株式会社と協働で開発し，新しい服の需要を創造している。このように素材メーカーと協働できるのは，年間約6億点という大規模な生産量があるからである。

第11章 専門店 *151*

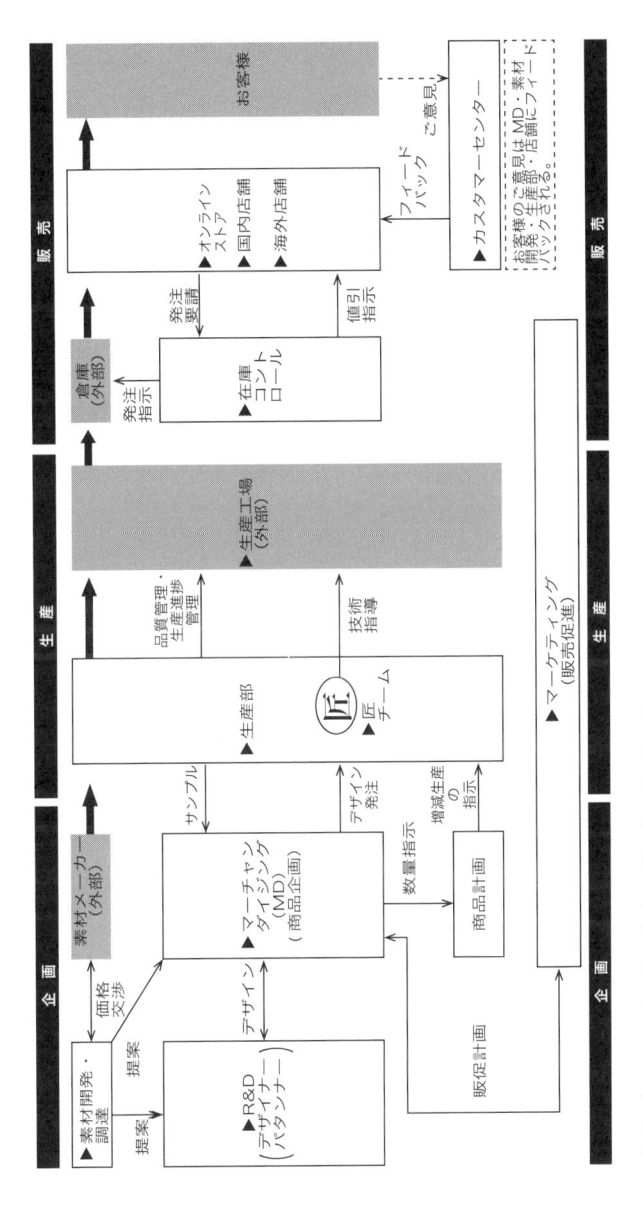

図11-1 ユニクロのビジネスモデル

出所：「ファーストリテイリング」ホームページ。

(3) マーチャンダイジング（商品企画）

商品企画から生産までの過程で，大変に重要な役割を担っているのが，マーチャンダイザー（MD）であり，MDが最初に行うのが，R&Dのデザイナーとの話し合いである。ここで，シーズンごとのコンセプトに沿った商品企画・デザイン・素材が決定される。次にMDは，秋冬・春・夏の各シーズンの商品構成と，それぞれの生産数量を決定する。このときの重要な判断材料となるのが，綿密に練られたマーケティング戦略である。MDのもうひとつの重要な仕事は，シーズン中の増産，あるいは減産の決定を行うことであり，需要に合わせた生産調整の決定を，商品計画と協働で行う。

(4) 生産部（品質・生産進捗管理）

上海，シンセン，ホーチミン，ダッカの生産事務所には，約250名の品質・生産進捗管理の担当者や匠チームが常駐しており，担当者は，取引先生産パートナー工場（約70社）に毎週出向き，課題を解決する。また，顧客の品質への要望は，即座に生産部に届くので，問題があった場合は速やかに改善を図る。

(5) 匠チーム

2000年以来，日本の繊維産業にかかわり，それぞれの分野を究めた「匠」チームが主体となって，取引先生産パートナー工場での技術指導を行っている。さまざまな経歴をもった匠の一人ひとりが，ユニクロ商品の品質を支えるとともに，かつて世界に誇った日本の繊維の技を，次世代に伝えている。

(6) 生産工場

取引先生産パートナーは約70社で，商品の約75%が中国で生産されている。生産拠点もアジア諸国（ベトナム，バングラデシュ，インドネシアなど）へと拡大することで，中国での生産集中リスクの軽減が進んでいる。将来的には，3分の1の商品を，中国以外の国で生産できる体制を構築する予定である。

(7) 在庫コントロール

在庫コントロールの役割は，週次ベースで各店舗の販売状況と在庫水準を確認し，必要な在庫や新商品を各店舗に送り込み，適正在庫を保つことである。また，店舗からの発注要望にも応え，さらにシーズン終盤には，商品を完全に

売り切るために，マーチャンダイザー(MD)や営業部門と連携をとりながら，「限定価格」（通常価格の約2～3割安いお試し価格）や売価変更のタイミングを調整していく。

(8) マーケティング（販売促進）

季節ごとにコア商品（フリース，ダウンジャケット，ポロシャツ，ヒートテックなど）を対象に，キャンペーンを実施している。キャンペーン期間中は，商品の特性や機能性などをテレビCMで広く告知する。また，毎週土曜日に新聞折込みチラシを全国に配布して，シーズンごとの新商品を「土日限定価格」で提供している。

(9) オンラインストア

2011年8月期の国内ユニクロ事業におけるオンラインストアの売上高は199億円（売上構成比3.3％）で，オンライン販売は中国・香港，台湾などの海外でも行っている。

(10) カスタマーセンター

年間7万件を超える顧客からの電話，はがき，メールによる意見や要望を関連部署に伝え，商品・店舗・サービス・経営の改善に反映させている。

3. ユニクロの成長要因[2]

1998年，ユニクロは，高品質の「フリース」を1900円の破格で売り出した。カラーは15色，2000年には51色となった。2000年～2001年には2600万枚のフリースを売り上げた要因は，低価格，高品質ばかりでなく，ファッション性を兼ね備えていたことである。

綿のインナーが中心だったユニクロに「機能性インナーがほしい」という強い思いが出発点となり，開発されたのが「ヒートテック」である。当初はメンズ向けに発熱・保温・ドライ（吸汗速乾）機能をあわせもつ秋冬向けの「暖かインナー」として2004年秋冬にデビュー，翌年にはウィメンズ向けにも販売を開始した。2006年には，化学繊維メーカー「東レ」と「戦略的パートナーシップ契約」として提携し，素材から発売まで一貫した商品開発体制を構築し

た。2011年秋冬には、全世界でインナー、靴下、ウォーマー類、ジーンズなど全てのヒートテック商品を含む1億枚を完売した。

4. ファスト・ファッション

ファッション流通の第一次革命は、1960年代に豊富な品揃えで百貨店が先導してきた。第二次革命は、1970年代から80年代に大量仕入れによる低価格販売の総合スーパー、80年代後半の量販専門店の時代である。第三次革命は、1990年代後半から2000年に品質向上・機能付加の「GAP」を中心とする「第一世代SPA」へ、そして現在の第四次革命は、デザイン苦情・製販期間短縮の「ZARA」や「H&M」を中心とする「第二世代SPA」へと変遷している[3]。

第一世代SPAは、ベーシックカジュアルの品揃えで、単品大量、計画生産の手法で、商品企画からの納期が3〜6か月に対して、第二世代SPAは、多品種多頻度、ハイスピード生産の手法で、最速2〜3週間の納期であることから「ファスト・ファッション」と言われている。第一世代SPAは、品質向上と機能付加を実現するのに対し、第二世代SPAは、デザイン性とファッション性向上を実現しようと努めている。

ユニクロは、ベーシックカジュアルというコンセプトで、第一世代SPAに分類されてきたが、デザイン性とファッション性のさらなる向上が期待される。

第4節　ニトリ

1. ホームファニシングストア

ニトリは、1967年、「似鳥家具店」として創業、1985年には店名を「ホームファニシングニトリ」に変更、1998年には、「ホームファッションニトリ」に変更している。「ホームファニシングストア」のコンセプトは、ソファ、ダイニングテーブル、食器棚やベッドなどの大型家具から、カーテン、カーペット、寝装品や食器・家庭用品などの暮らしを彩るインテリア用品まで、住まいづくりのための商品が一箇所で揃えられる大型店舗であり、「ホームファッショ

ンストア」[4]は，ショッピングセンターなどに出店しているインテリア用品を中心とした小型店舗である。

ニトリは，家具とホームファッションを融合させた「ホームファニシング」というフォーマット（業態）を主体に出店してきているが，2011年には従来のホームファッション商品に加え，「H＆B」（ヘルス＆ビューティ）などの新しい商品も順次品揃えしカジュアルモダンをテーマとした新フォーマット「デコホーム」を出店している。デコホームは，従来型の中型商圏をベースに展開するニトリの既存店と比較すると，小商圏での小型店の展開をベースとしている。

2. 製造物流小売業

ファニチャー，ホームファッションの販売を通じて「欧米並みの住まいの豊かさ」を実現することを目指してきたニトリにとって必要なのは，誰もが気軽に買える価格設定と，高い品質・機能を両立させることであった。そこで，ニトリでは従来の「製造小売業」と呼ばれる事業モデルに，物流機能をプラスし，新たなビジネスモデル「製造物流小売業」を確立させた[5]。

価格と品質・機能の追及のため，商品のほとんどはアジア諸国で生産し，製造コストを削減している。そして，一般には外部へ委託することが多い輸入・通関業務や，保管から流通などの物流業務，チラシ制作などの広告宣伝，さらにはシステムの企画から設計・開発など，すべてをニトリグループで行っている。

このように，低価格・高機能の商品を提供するために，中間コストを極力削減すべく，商品の企画や原材料の調達から製造・物流・販売に至るまでの一連のすべての過程をチェーンストア理論をもとにプロデュースしているのがニトリグループの大きな特徴である。この結果として，小売価格は従来の1/2から1/3の価格にまで引き下げることを実現している。さらには，すべてをグループ内で行うことで，意思決定から実施までの期間短縮，顧客が求めるもののタイムリーな提供につなげている。

(1) メーカー機能／調査・資材調達

顧客の声やニーズに合致した低価格・高機能な商品づくりの第一歩は，原材

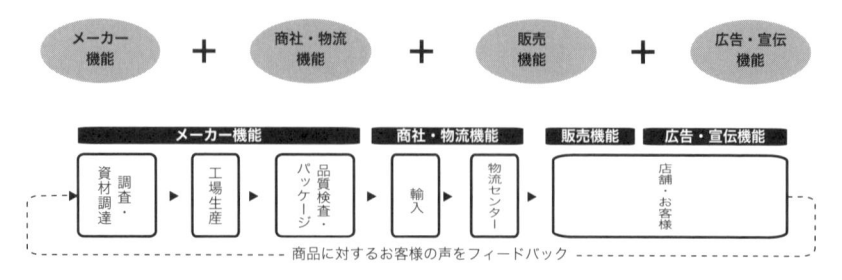

図11-2 ニトリグループの機能とマーチャンダイジング活動のプロセス

出所：「ニトリ」ホームページ。

料の調達から始まる。このプロセスを商社などに依存していては，「品質・機能を伴った価格1/2」は，実現不可能である。そのため，ニトリでは自社のバイヤーが海外の展示会で新製品や素材のチェックを行っている。この時，顧客が求めている価格（圧倒的な安さ）から逆算し，品質と機能はもちろんのこと，コスト条件を満たすかを徹底的に調査し，海外メーカーとの交渉も自社で行って，世界中から原材料を調達している。

ニトリの海外展開は1989年のシンガポール進出に始まり，新設や統廃合を経て，現在では中国，マレーシア，タイなど7ヵ国15ヵ所に調達拠点を設置し，世界各地からの合理的な商品供給ソースを積極的に開拓してきている。

(2) メーカー機能／生産・品質管理

世界各国から供給された原材料は，ニトリの品質基準に合った工場に直送され，生産される。現在，商品の80％以上を海外から調達している。ニトリグループでは，1994年にインドネシア，2004年にはベトナムの2ヵ所の工場が稼動し，株式会社ニトリファニチャーがそのサポートにあたっている。2つの工場は，グループが保有する家具開発・製造の拠点として，タンスや食器棚，サイドボードなどを中心に，今後も増え続ける需要に対応できるよう，その規模を拡充している。ニトリグループが保有する工場以外で製造する際も，そのプロセスを完全に外部委託してしまうのではなく，各地に拠点を設置することで徹底的に管理している。製品の品質調査はもちろんのこと，製造工程の改善指

導なども行い，製品と製造の品質を維持・向上させる努力を行っている。

　また，圧倒的な低価格の実現のためには，海外で生産した商品を国内に輸入する際のコスト削減は重要な課題の1つであり，2007年に恵州物流センター，2009年に上海プロセスセンターを稼動させ，物流効率の強化を図るとともに，アジア各国に事務所を開設して日本国内への貿易サポートも行っている。

(3) 物流機能

　全国に広がる店舗への効率的で迅速な商品配送や，商品保管のコスト削減などを目的に，ニトリグループでは物流拠点も独自で保有している。ソフト面でも1980年に業界初の自動立体倉庫の導入を皮切りに，ノウハウを進化させながら，独自の在庫管理と商品の安定供給システムを開発，海外での集荷や輸送システムから，国内の店舗への小口配送システムまで，すべてニトリグループで開発したものである。持株体制への移行により，国内物流機能は，すべて株式会社ホームロジスティクスが担っている。

(4) 販売機能／店舗

　ニトリが目指すのは，「欧米並みの住まいの豊かさ」を提供することであり，そのためには，いつでも気軽に立ち寄れる身近な存在になることが重要だと考えている。2012年6月末日現在，ニトリの店舗は276店舗（国内264店舗，海外12店舗）。さらに，さまざまな立地条件にも対応できる店づくりに取り組み，既存店舗の商圏を隣接させることによりドミナントエリアの形式を推進している。

　ニトリが最もこだわるのは，各店舗の「売場」であり，売場は，ニトリにとって顧客への商品プレゼンテーションの場である。商品の魅力を十分に伝えるため，見せ方や並べ方について，徹底してこだわる。1つの商品の見せ方はもちろん，その売場全体の見せ方，さらには売場の配置や通路の幅，照明の当て方，商品の説明カードやPOP広告に至るまで，よりよい売場づくりのために研鑽を重ね，全店舗に展開している。

　また，ニトリの売場の大きな特長は，顧客のライフスタイルに合った住まいを実現できるよう，リビングやベッドルームなど，生活シーンに合わせたコー

ディネートを見せている。家全体をコーディネートした状態で見られるモデルルームの展示も行っている。これらの生活提案こそがニトリの最大の武器となっている。ニトリが豊かで快適な生活のために最も必要であると考えるものは「トータルコーディネート」である。ニトリの商品は，多様な色・柄・素材の中から顧客のライフスタイルに合ったものを選べるだけでなく，いずれの商品もデザインや色合いが美しく統一され，簡単にコーディネートできるように企画されている。数多くの商品からライフスタイルにマッチしたテイストを選び取ることができる「多様性」と，それらを手軽にトータルコーディネートできる「統一性」が，価格や機能・品質以上の価値だと考えている。

(5) 広告宣伝機能

ニトリは広告媒体を単なる「売るためのもの」としてではなく，「住まいの豊かさ」を伝えるためのコミュニケーションの手段だと捉えている。折込チラシやカタログはもちろん，テレビCMなどのマス広告についても，商品企画や店舗運営に携わるさまざまな部署と検討を重ね，ニトリが伝えたいメッセージがより伝わる表現とは何かを追求している。「お，ねだん以上。」でニトリブランドの認知は広まっている。

3. 新業態

2011年10月にオープンした「ニトリモール東大阪」は，住関連商品の専門店であるニトリを核に，「ホーム関連」，「ホビー・雑貨」，「ファッション・アクセサリー」，フードコートなど16の専門店を擁するショッピングモールである。ホーム関連では，ホームセンターの「スーパービバホーム」，ホームセンター内ペットショップ「ペットプラス」，ファッション・アクセサリーのカテゴリーでは，「ユニクロ」，「AOKI（紳士スーツ）」，「ABCマート（シューズ）」，「ワケあり本舗（メンズ・レディースカジュアル・アウトレット）」，「アベイル（カジュアル・シューズ）」，「眼鏡市場」，ホビー・雑貨カテゴリーには，「ザ・ダイソー（100円ショップ）」，「手芸の丸十（生地・手芸用品）」，そして「ヤトゴルフ（ゴルフ用品・ゴルフスクール）」が出店している。

注

1)「株式会社ファーストリテイリング」ホームページ参照（2012年12月）。
2) 渦原 実男『小売マーケティングとイノベーション』同文館出版, 2012年, 65～67ページ。
3) 斎藤 孝浩「ファッション流通のパラダイムシフト」流通システム開発センター『流通とシステム』第139号, 24～29ページ。
4) 渦原 実男は, 大型店のニトリも, ホームファッションストアと表示していることが多いことから, 家具・インテリア全体をホームファッションストアと捉え直すとしている。渦原 実男, 前掲書, 83ページ。
5)「株式会社ニトリ」ホームページ参照（2012年12月）。

日野 隆生

索　引

(あ行)

RC　　11,136
アウトレット・ストア　　16
アフィリエイト　　100
EOS　　46
一店一帳合制　　44
意味世界　　73
インターネット通販　　95
売場貸し　　111,115
売れ筋商品　　139
SCM　　46
SPA（業態）　　46,149
NB　　76
FC　　136
FTA　　18
エブリディ・ロー・プライス　　46
オープン価格制　　44
卸売業の多段階性　　17

(か行)

外部環境要因　　70
価格訴求型　　78
格上げ　　62
過多性　　17
価値訴求型　　78
カテゴリー・キラー　　16,45,149
株仲間　　28
加盟店　　136
環境説　　68
間接流通　　25
間接流通チャネル　　39
管理型の商業集積　　53
関連購買　　58
危機-変化モデル　　65
企業家　　70

企業ポジショニング型　　80
規模の経済性　　34
業種　　147
業種店　　10,51
行商人　　27
業態　　11,148
業態店　　12
業態の多様化　　135
業態分化　　30
金属貨幣　　27
クーリングオフ　　103
クラウドサービス　　100
クレジットカード決済　　98
グローバル小売業　　47
経営ノウハウ　　89
工業集積　　49
購買代理機能　　52,86
高密度多店舗出店方式　　137
小売（業）　　85,86
小売アコーディオン理論　　64
小売技術　　31
小売業者　　85
小売業の国際化　　86
小売業の小規模零細性　　17
小売経営技術の移転　　86
小売サービス　　16
小売の輪の理論　　62,131
小売マーケティング　　75
小売マネジメント　　20
顧客の専門化　　148
コクーニング　　95
コンビニエンス・ストア　　133

(さ行)

座　　28

最終卸　29
座売り　110,111
産業集積　49
CMS　100
GMS　14,149
仕入活動　29
ジェネリック型　78
自給自足　27
資金的　32
自主編成売場　113
市場細分化　131
市場創造　33
死に筋商品　139
支払停止の抗弁権　103
社会的品揃え物　32
社会的な売買の集中　118
ジャスト・イン・タイム　137
自由貿易協定　18
主従関係の逆転　75
循環説　61
商業集積　49
商業統計調査　147
常設市場　28
衝突説　64
消費者の選好　132
消費の二面性　54
商品の品揃え　51
商品の専門化　148
商品の売買　25
情報流　32,37
商流　31,37
職業安定法　98
真空地帯理論　131
スーパーマーケット　133,140
スーパーマーケット理論　122
スクラップ・アンド・ビルト　130
生業性　17
製造小売業　11,46
製販提携　46

製販統合　19,46
製販同盟　19
セルフ・サービス　136
セルフ・サービス理論　121
戦略的提携　46
相互依存関係　53
総合スーパー　14,123

(た行)

大規模小売店舗法　127
対面販売方式　13
代理店　43
大量廉価販売戦略　128
ダイレクト・マーケティング　39
多極化原理　69
建値制　44
多品種少量生産　9
段階分化　29
チーム・マーチャンダイジング　129
チェーン・オペレーション　10
直接流通　25
直接流通チャネル　39
直売所　12
通信販売法　98
ディスカウント・ストア　16
適応行動理論　68
テリトリー制　44
電子消費者契約法　102
独占禁止法　44
特定商取引法　101
特約店　43
ドミナント方式　137
ドラッグ・ストア　140
取引　25
取引数最小化の原理　39
取引数単純化の原理　33
ドロップシッピング　100
問屋無用論　34

(な行)

仲卸　29
2階建構造　80
日本的ワンセット志向　123
日本標準産業分類　10

(は行)

パートナーシップ　46
バイイングパワー　45
売買集中の原理　32,51
販売活動　29
販売管理システム　100
販売代理機能　86
PB　15,76
PB商品　35
比較購買　113,117
比較購買機能　58
100円ショップ　140
標準化 - 適応化　93
VC　136
付加価値　54
不確実性プールの原理　34
プッシュ要因　87
物品貨幣　27
物々交換　26
物流　32,37
部門分化　30
プライシング技術　122
プライベート・ブランド　40,141
フランチャイザー　40,136
フランチャイジー　40,136
フランチャイズ・チェーン　11, 40, 135, 136
ブランド　73
ブランド階層　81
プル要因　87
分業　26
弁証法的アプローチ　64
返品制　117

返品特約　103
ホームページ上の広告　101
POSシステム　138
ボランタリー・チェーン　11, 40, 135, 136
本部企業　136

(ま行)

マーケット・セグメンテーション　122
マーケティング　35
マーケティング・セグメンテーション　122
マーケティング・ミックス　73
メーカー希望小売価格　44
元卸　29
模倣型　78

(や・ら・わ行)

余剰生産物　27
ライフスタイル　148
リベート（制）　17,44
利便性　134
流通外資　14
流通機能　31
流通系列化　17,42
流通経路　37
流通時間の短縮　26
流通チャネル　37
流通費用　35
流通費用の削減　26
流通フロー　32
流通をめぐる主導権争い　77
量販店　149
レギュラー・チェーン　11,41,136
ロイヤリティー　98
ワンウェイ・コントロールの理論　121
ワンストップ・ショッピング　114,117

執筆者紹介（執筆順。なお＊は編者）

柳 純*（やなぎ じゅん）：序章・第 1 章執筆
　下関市立大学経済学部 准教授・博士（学術）

伊部 泰弘（いべ やすひろ）：第 2 章執筆
　新潟経営大学経営情報学部 准教授・博士（経営学）

松井 温文（まつい あつふみ）：第 3 章執筆
　追手門学院大学経営学部 講師

菊池 一夫（きくち かずお）：第 4 章執筆
　明治大学商学部 教授・博士（商学）

鈴木 雄也（すずき ゆうや）：第 5 章執筆
　大阪産業大学経営学部 准教授・博士（商学）

安 孝淑（あん ひょうすく）：第 6 章執筆
　鈴鹿国際大学国際人間科学部 非常勤講師

福永 良浩（ふくなが よしひろ）：第 7 章執筆
　九州産業大学経営学部 准教授・博士（情報工学）

今光 俊介（いまみつ しゅんすけ）：第 8 章執筆
　鈴鹿国際大学国際人間科学部 准教授

長谷川 健二（はせがわ けんじ）：第 9 章執筆
　福井県立大学海洋資源学部 特任教授・博士（農学）

柯 麗華（か れいか）：第 10 章執筆
　静岡産業大学情報学部 准教授・博士（経営学）

日野 隆生（ひの たかお）：第 11 章執筆
　大阪国際大学ビジネス学部 教授

編著者紹介

柳　純（やなぎ じゅん）

下関市立大学経済学部准教授　博士（学術）
1994年 長崎県立大学経済学部卒業
1996年 長崎県立大学大学院経済学研究科修了
2011年 佐賀大学大学院工学系研究科博士後期課程修了
2002年 福岡女子短期大学秘書科専任講師
2007年 福岡女子短期大学ビジネス学科准教授を経て，2013年より現職

(主要業績)

著書『地域再生の流通研究』（共著）中央経済社，2008年
　　『流通国際化研究の現段階』（共著）同友館，2009年
　　『マーケティングの理論と実践』（共著）五絃舎，2012年
訳書『日本の反競争的商慣行』（共訳）同文舘出版，2000年

激変する現代の小売流通

2013年4月5日　第1版第1刷発行

編著者：柳　　　純
発行者：長谷雅春
発行所：株式会社五絃舎
　　　　〒173-0025　東京都板橋区熊野町46-7-402
　　　　Tel & Fax：03-3957-5587
　　　　e-mail：h2-c-msa@db3.so-net.ne.jp
組　版：Office Five Strings
印　刷：モリモト印刷
ISBN978-4-86434-023-6
Printed In Japan　検印省略　ⓒ　2013